왜
용서해야
하는가

WHY FORGIVE?

등에 박힌 총알보다
가슴속에서 자라는
복수심이 더 끔찍하다

요한 크리스토프 아놀드
원마루 옮김

왜 용서해야 하는가

포이에마
POIEMA

일러두기

• 이 책은 *Why Forgive?* 2010년판을 바탕으로 한국어판 발간에 맞춰 한국의 사례들을 추가했습니다.

• 본문에 나오는 이야기는 본인 또는 관계자의 허락을 받았으며, 인물 중 일부는 사생활 보호를 위해 가명을 사용했습니다.

• 이 책의 인세 전액은 어린이어깨동무 등 용서와 비폭력을 위해 일하는 단체를 지원하는 데 사용됩니다.

왜 용서해야 하는가

요한 크리스토프 아놀드 지음 | 원마루 옮김

1판 1쇄 발행 2015. 9. 10. | **1판 7쇄 발행** 2022. 7. 1. | **발행처** 포이에마 | **발행인** 고세규 | **디자인** 이은혜 | **등록번호** 제300-2006-190호 | **등록일자** 2006. 10. 16. | 서울특별시 종로구 북촌로 63-3 우편번호 03052 | 마케팅부 02)3668-3260, 편집부 02)730-8648, 팩스 02)745-4827

본 저작물의 한국어판 저작권은 Plough Publishing House와 독점 계약한 포이에마에 있습니다. 저작권법에 의하여 한국 내에서 보호받는 저작물이므로 무단전재와 무단복제를 금합니다.

값은 뒤표지에 있습니다. ISBN 979-11-5809-023-4 03230 | 이메일 masterpiece@poiema. co.kr | 좋은 독자가 좋은 책을 만듭니다. | 포이에마는 독자 여러분의 의견에 항상 귀를 기울이고 있습니다.

이 도서의 국립중앙도서관 출판시도서목록(CIP)은 서지정보유통지원시스템 홈페이지(http://seoji.nl.go.kr)와 국가자료공동목록시스템(http://www.nl.go.kr/kolisnet)에서 이용하실 수 있습니다. (CIP제어번호: CIP2015023945)

그리 힘든데, 왜 용서했느냐고요?
등에 박힌 총알보다
가슴속에서 자라는 복수심이 더 끔찍하니까요.

스티븐 맥도널드

차
례
●

《왜 용서해야 하는가》 한국어판 초고를 단숨에 읽었습니다.

이 책에 실린 수많은 사례를 읽으면서 개인, 가정, 사회, 국가 차원에서 용서할 일이 이렇게나 많다는 것은 그만큼 우리들이 서로를 해치고 가정을 파괴하고 사회를 망치고 나라와 민족을 억압하고 말살하며 살고 있다는 방증이라는 생각을 했습니다. 인간이 근본적으로 악하다는 엄연한 현실을 직면하고는, 슬퍼했고 분노했으며 인간성에 좌절하고 절망했습니다. 인생의 허망함과 죄책감을 느낍니다. 이것이 우리의 실존적 현실이고 솔직한 저의 심정입니다.

그럼에도 책을 끝까지 읽으면서 희망이 생겼습니다. 인간은 악하지만 또한 선한 데가 있습니다. 그렇게 무섭게 당하고도 용서하려는 마음이 생기니 말입니다. 물론 하루아침에 그런 마음이 생긴 것은 아니었습니다.

이 책에서 피해자들은 말합니다. 용서하는 것은 손해를 보는 것이 아니라 복수와 보복의 악순환, 미움과 분노의 감옥에서 풀려나 평화를 얻는 것이라고 말입니다. 그들의 증언에 동감하고 또 감동했습니다. 그리하여 자유를 위해 일하고 평화를 일구는 데 헌신할 용기를 얻었습니다.

내 나이 여든다섯. 더 늙기 전에 삶을 정리하면서 용서할 사람들을 기억해내야겠다고, 그리고 나 또한 용서를 받아야겠다고 결심했습니다. 사랑하는 마음을 안고 자유로운 인간으로 죽음을 맞는 것이야말로 하나님의 축복이라고 생각합니다. 용서는 고통스러운 일입니다. 고난도 십자가이지만, 피해자로서 가해자를 용서하는 것은 더 무섭고 고통스러운 십자가입니다. 그러나 그 십자가를 지는 사람에게 부활의 승리와 영광이 있다고 믿습니다. 그 부활은 죽음으로부터의 자유이며 영원한 평화입니다.

우리말로 출판된 이 책이 많은 이에게 감동을 주기를, 분단의 시대를 분노와 설움과 폭력으로 살아야 하는 우리에게 큰 깨달음을 주기를, 그리하여 회개와 화해의 역사를 만드는 데 힘이 되기를 바랍니다.

서광선

남북평화재단 이사장, 이화여대 명예교수

1995년 9월의 어느 아침, 커피를 마시며 신문을 읽는데 지역에 사는 일곱 살짜리 여자아이가 대낮에 유괴를 당했다는 충격적인 기사가 눈에 들어왔다. 일주일 만에 유력한 용의자가 범행을 자백했다. 아이의 가족이 믿고 지내던 지인이었다. 범인은 아이를 집 근처 숲으로 유인해서 성폭행한 뒤 죽이고 시체를 유기했다.

예상대로 범인에게 사형을 선고해야 한다는 여론이 들끓었다. 그는 주 정부가 도입한 새로운 사형 법률의 적용을 받을 유력한 후보였다. 처음에 지방 검사는 아이의 시체를 유기한 장소를 알려주면 20년 이하의 형을 구형하겠다고 범인에게 약속했다. 하지만 시체를 찾자 아이를 찾을 수만 있다면 악마하고라도 계약을 했을 거라면서 말을 바꿨다. 그러면서 뉴욕 주의 근래 역사에서 살인자를 사형대로 보내는 최초의 지방 검사가 되길 바란다고 말했다. 지역 언론과 인터뷰한 주민들은 자기들 손으로 '직접 처리할' 수 있게 범인을 풀어주라고 당국에 요구했다.

사람들의 분노는 충분히 이해할 수 있었다. 그러나 한편으로는 이것이 과연 슬픔에 잠긴 피해자 가족에게 위로가 될지 의문이 들었다. 목사로서 내가 어떻게 대응해야 할지는 자명했다. 나는 교회 식구들이 장례식에 참석하도록 조치하고 아이 부모에게 꽃을 보냈다. 아이의 가족을 방문하려 했지만 여의치 않았다. 마음이 계속 무거웠다. 왠지 범인을 꼭 만나야 한다는 생각이 들었다. 정체불명의 괴물을 만나 그가 저지른 일이 얼마나 끔찍한지 똑똑히 알려주고 싶었다. 그리고 그런 끔찍한 범죄를 저지른 뒤에 자신과 화해하는 방법은 평생 뉘우치는 길뿐임을 알려주고 싶었다.

　범인을 만나러 가는 나를 사람들이 철저히 오해하고 차가운 눈초리로 바라볼 것을 알고 있었지만, 나는 꼭 그를 만나야 한다고 확신했다. 감옥에서 수갑을 푼 살인자와 내가 마주앉은 건 그로부터 몇 달 뒤였다. 그곳에서 보낸 몇 시간은 나를 깊이 흔들어놓았고 내게 해결되지 않는 질문들을 남겼다. 그리고 그 질문들이 이 책을 쓰게 했다.

　내가 그를 만나고 3개월이 채 안 되어, 그는 법정에서 피해자 가족을 대면했다. 사람들로 꽉 찬 법정에 들어서자 이글거리는 적개심이 느껴졌다. 가석방 없는 종신형을 선고한 뒤 판사는 이렇게 덧붙였다. "지금 감옥에서 경험하는 지옥이 앞으로 영원히 직면하게 될 지옥의 예고편에 불과하길 바란다."

　피고에게도 발언 기회가 주어졌다. 그는 떨리는 목소리로 아이의 부모에게 고통을 안겨드려 진심으로 죄송하다고 말했다. 용서를 구하며 매일 간절히 기도한다고 했다. 방청석에 분노에 찬 속삭임이 퍼지는 것을 느끼며 속으로 물었다.

이런 사람도 용서받을 수 있을까?

원한이라는 암 덩어리

원한은 스스로 독약을 마시고 적이 죽기를 바라는 것과 같다.

넬슨 만델라

용서는 평화와 행복으로 가는 문이다. 낮고 좁아서 몸을 구부리지 않으면 들어갈 수 없다. 찾기도 어려워서 찾는 데 오래 걸린다. 그렇다고 찾을 수 없는 것은 아니다. 이 책에 소개된 사람들은 모두 용서의 문을 찾아냈다. 그들의 이야기를 읽다 보면 당신도 어느새 그 문 앞에 당도할지 모른다. 그때는 부디 그 문을 열 수 있는 사람이 당신뿐임을 기억하라.

용서란 무엇을 의미할까? 분명한 것은 '눈에는 눈, 이에는 이'로 갚아주는 식의 인간적인 공평함이나 대수롭지 않다는 태도로 대충 둘러대는 변명과는 전혀 관계가 없다는 점이다. 인생은 공평하지도 않거니와 변명할 수 없는 일투성이다.

우리에게 실수나 고의로 상처 준 사람을 용서할 때, 우리는 여전히 그에게 받은 상처를 의식하면서도 상대방을 몰아세우거나 날선 반응을 보이는 대신 그와의 관계를 회복하기 위해 상처 이외의 것을 보려고 한다. 그러나 용서해도 고통은 사라지지 않을 수 있다. 심지어 상대방이 용서를 받아들이거나 고마워하지 않을 수도 있다. 그렇다 하더라도 용서는 우리가 원한의 소용돌이에 빨려 들어가지 않게 해주고, 마음속 상처나 분노를 누군가에게 퍼붓고 싶은 유혹을 물리치게 해준다.

상처를 받을 때 상처의 근원을 다시 살피는 것은 지극히 자연스러운 일이다. 잘못된 일이 아니다. 그러나 상대방의 잘못을 확인하는 의미에서 상처의 근원을 살피면, 우리의 고통은 고스란히 원망과 분노로 변한다. 그 분노가 사실에 근거한 것인지 아닌지는 중요하지 않다. 어느 쪽이든 영향은 같다. 한번 생긴 응어리는 우리를 천천히 갉아먹다가 결국엔 주변의 모든 것을 잠식해버린다.

우리는 모두 가슴에 응어리를 품고 사는 사람을 한두 명쯤 알고 있다. 그들은 아주 세세한 일까지 기억하는 놀라운 기억력을 지니고 있으며, 쉬 자기 연민과 분노의 감정에 휩싸인다. 마음 상했던 일을 일일이 다 기억해두었다가 그 일로 자기가 얼마나 크게 상처를 받았는지 언제든 보여줄 준비가 되어 있다. 겉모습은 태연해 보여도 속에서는 울분이 터지기 직전이다.

가슴에 응어리가 진 사람들은 끊임없이 자신의 억울함을 토로

한다. 자신이 너무나 자주, 너무나 깊은 상처를 받았다고 느낀다. 용서해야 한다는 이야기를 들어도 자기에게는 해당사항이 없다고 여긴다. 그러나 이들은 누구보다 용서가 절실히 필요한 사람들이다. 가슴에 원한이 사무쳐 더 이상 누군가를 사랑할 수조차 없게 되어버린 사람들이다.

30년도 더 된 일이다. 어느 날 동료 한 명이 아버지와 내게 자기가 아는 사람을 방문해달라고 부탁했다. "더 이상 사랑을 할 수 없다"고 말하는 제인이라는 여성이었다. 제인의 남편은 병석에 누워 죽어가고 있었다. 제인은 그런 남편을 위로하고 싶어 하면서도 무엇 때문인지 망설이는 듯했다. 사람들 말에 따르면, 제인은 나무랄 데 없는 사람이었다. 깔끔하고 꼼꼼하며 유능하고 부지런하며 정직했다. 그런데 이야기를 나눠본 제인은 마치 돌처럼 무정했다. 정말로 사랑을 할 줄 몰랐다.

몇 달에 걸친 상담을 통해 제인이 그토록 냉담한 이유를 알게 되었다. 용서하지 못한 탓이었다. 무엇 때문에 상처를 받았다고 꼬집어 말하지는 못했지만, 소소한 원망이 쌓이고 쌓여 그녀를 꽁꽁 묶어버렸다. 철저히 무능해져서 아무것도 할 수 없는 상태였다.

다행히 제인은 자신을 극복하고 삶의 기쁨을 되찾았다. 하지만 브렌다의 경우는 달랐다. 내가 상담을 시도했던 브렌다 역시 가슴에 응어리를 품고 있었다. 브렌다는 삼촌에게 수년간 성폭행을 당하고도 침묵했다. 알코올 의존증이 심한 브렌다에게 그가 매일 보드카를 선물했기 때문이다. 결국 삼촌의 손아귀에서 벗어나긴 했지만, 여전히 브렌다는 그의 속박 아래 있었다.

내가 브렌다를 만났을 때 그녀는 정신과에서 집중 치료를 받고 있었다. 직업도 좋고, 주변에 도움을 주는 친구도 많았다. 친구들은 브렌다가 다시 회복할 수 있도록 최선을 다해 도왔다. 그럼에도 브렌다는 나아지는 것 같지 않았다. 감정이 극과 극을 오갔다. 신이 나서 웃다가 한순간에 슬픔을 가누지 못하고 흐느꼈다. 하루는 손에 잡히는 대로 폭식하고 다음 날은 음식에 손도 대지 않고 속에 있는 것을 모조리 게워냈다. 그리고 계속 술만 들이켰다.

브렌다가 아주 비열한 남자에게 짓밟힌 무고한 희생자라는 사실은 의심할 여지가 없었다. 그러나 옆에서 지켜본 그녀는 스스로 고통을 영속시키고 있었다. 삼촌을 증오하는 일에 매달리면서 그의 영향력에서 벗어나지 못했다.

브렌다는 내가 도우려고 했던 사람 중에서 가장 어려운 사례였다. 삼촌을 용서하지 않는 한, 최소한 삼촌에게 학대당했다는 사실 외에 다른 것을 보려고 하지 않는 한, 사실상 그의 영향력에서 벗어날 수 없다는 사실을 이해시키려고 거듭 애썼다. 하지만 소용이 없었다. 분노와 혼란이 심해져 절망의 늪에 점점 더 깊이 빠져들 뿐이었다. 결국 브렌다는 자살 시도 후 병원에 입원했다.

성적 학대로 인한 상처를 치유하기까지는 오랜 시간이 걸린다. 평생 지워지지 않는 흉터가 남기도 한다. 그러나 성적 학대를 받았다고 평생 고통 속에 살거나 자살로 삶을 끝낼 필요는 없다. 브렌다와 비슷한 일을 겪은 사람들 중에는 용서를 통해 행복을 찾고 새로운 삶을 사는 이들이 있다.

당시 글렌 필더는 열여섯 살이었다. 런던 동부에 살던 이 십 대 소년은 육상 경기 기록 보유자이자 레이턴 오리엔트 FC 소속의 전도유망한 축구 선수였다. 레이턴 오리엔트 FC는 데이비드 베컴이 맨체스터 유나이티드에 들어가기 전에 선수 생활을 시작했던 축구 클럽이기도 하다. 두 사람은 한 동네에서 자랐고 지금도 긴밀한 관계를 유지하고 있다. 그러나 세계적인 축구 선수로 명성을 얻은 베컴과 달리, 글렌은 어느 날 눈을 떠보니 하반신 마비 신세가 되어 있었다.

1987년 1월이었습니다. 저는 런던 북동부 칭포드에 있는 한 마을 회관에서 열린 파티에 초대를 받았습니다. 기대를 잔뜩 했었고 아주 멋진 시간을 보냈습니다. 자정 직전에 저는 친구와 파티장을 나왔습니다. 그리고 집으로 돌아가는 길에 일고여덟 명이 싸우는 모습을 보았습니다. 우리는 그들을 피해 가던 길을 갔습니다. 괜한 싸움에 휘말리기 싫었거든요. 그렇게 100미터쯤 걸

다가 배수로에 누워 있는 젊은 사람을 보았고, 우리는 걸음을 멈 췄습니다. 흠씬 두들겨 맞은 몰골이었습니다. 저는 외투를 벗어 그 사람 머리를 받치려고 몸을 숙였고, 친구는 구급차를 부르러 근처 건물로 뛰어갔습니다.

구급차가 오기를 기다리는데, 뒤쪽에서 싸우는 소리가 점점 크게 들렸습니다. 소리가 점점 가까워지자 저는 조금 초조해졌 고 자리에서 일어섰습니다. 그 순간 짧고 날카로운 무언가가 등 에 꽂히는 게 느껴졌고, 저는 정신을 잃고 쓰러졌습니다. 칼이었 습니다. 견갑골 사이 오른쪽으로 칼이 뚫고 들어왔던 겁니다. 칼 에 찔린 뒤 저는 서너 명의 사내에게 죽도록 얻어맞고 발길질을 당했다고 하더군요. 하지만 저는 아무것도 기억이 나지 않습니 다. 깨어 보니 병원 침대였습니다. 척수가 파열된 상태였습니다. 2-3주간 진정제를 맞으며 병원 침대에 누워 있었습니다. 의식이 돌아왔을 때 아버지가 이야기를 꺼내셨습니다. 평생 휠체어 신 세를 져야 한다고 하더군요.

그 순간 저의 세상은 끝이 났습니다. 가슴이 찢어지는 듯했습 니다. 축구가 저의 인생이었는데, 이제 더는 축구를 할 수 없게 되었으니까요. 저로서는 그보다 더 끔찍한 일을 상상할 수 없었 습니다. 11개월 뒤에 퇴원했을 때도 저의 상태는 그대로였습니 다. 축구를 생각만 해도 죽을 것 같았습니다. 유니폼을 입은 사 진을 갈기갈기 찢고 메달을 집어 던졌습니다. 축구 중계를 시청

할 수도 없었습니다.

폭행 사건과 관련해서 여섯 명의 젊은이가 체포되었다. 그중 열여덟 살의 한 청년은 6년형을 선고받았으나 겨우 4년을 복역하고 풀려났다. 당연히 글렌은 분노했다. "정당한 이유도 없이 사람을 폭행하고 겨우 6년이요? 대체 정의는 어디에 있는 겁니까? 저는 종신형을 선고받았는데, 평생 장애를 안고 살아야 하는데요. 복수하고 싶었습니다. 복수하고 싶은 마음이 저를 괴롭히고 저를 집어삼켰습니다."

거의 1년이 지난 뒤에야 글렌은 집에 돌아왔고, 비슷하게라도 정상 생활로 돌아가기 위해 애쓰는 기나긴 여정을 시작했다.

스토크맨더빌은 영국 최고의 재활의학과를 갖춘 훌륭한 병원이었어요. 의료진은 제가 하반신 마비 환자로 살아갈 수 있도록 최선을 다했습니다. 그러나 솔직히 저는 인생이 끝난 것만 같았습니다. 그래도 결국에는 제 안에 있는 더 선량한 본성이 이겼습니다. 다양한 일을 구했습니다. 처음에는 공무원으로 일했는데 저와는 맞지 않았습니다. 원래 야외 활동을 좋아하는 사람인데, 맞을 리가 있나요? 그래서 문구 회사로 자리를 옮겨서 영업을 했습니다. 그때 제 아내 줄리를 만나 정착했죠.

이 모든 일을 겪으면서 저는 제 안에서 벌어지는 일들을 처리해야 했습니다. 보시다시피, 저를 만나는 사람들은 제게 장애가 있다는 사실을 바로 알아챕니다. 사람들이 물으면, 저는 칼에 찔려서 이리되었다고 말합니다. 그런데 그 사람들에게 말할 수도 없고, 그들이 절대 알아챌 수도 없는 게 있었습니다. 바로 제 안에서 타오르는 분노였습니다. 수년간 속을 끓였습니다. 침대에 누워 나를 폭행한 놈들을 죽일 궁리를 하고, 어떻게 실행에 옮길지 공상하곤 했습니다.

사람들은 늘 "이건 너무 불공평해. 내가 당신이었으면 그 사람들 다리를 날려버렸을 거야"라고 말합니다. 그들은 이렇게 이야기하는 것이 제게 도움이 된다고 생각하지만, 사실은 상황을 악화시킬 뿐이었습니다. 분노에 기름을 붓고 스트레스만 가중시켰습니다.

다행히 복수를 망설이게 하는 무언가가 있었습니다. 그게 무엇인지는 모르지만, 감사하게도 그것이 저를 막았습니다. 어느 순간 저도 모르게 이런 생각을 하고 있었습니다. '잠깐 기다려봐. 적어도 넌 지금 살아 있잖아. 아름다운 여인과 결혼도 했고, 사랑스러운 아이가 둘이나 있어. 직업도 있고(저는 손으로 조작하는 택시를 몹니다), 집도 있고, 공과금 낼 돈도 있잖아.'

저를 칼로 찌른 사람보다 제가 더 나은 삶을 살고 있다는 생각이 들었습니다. 사실, 그 사람에 관한 이야기를 많이 들었습니다. 평생 감옥을 제 집 드나들 듯했고, 정신과적인 문제로 약을 복용

중이었다더군요. 가족들은 그를 부끄러워했고요. 그런데 저를 보세요! 문득 이런 생각이 들더군요. '마음속에서 분노를 걷어내지 못하면, 한 발자국도 앞으로 나아가지 못할 거야.' 그래서 용서해보기로 했습니다. 오해하지 마세요. 하룻밤 사이에 이런 결심을 하게 된 건 아닙니다. 저는 자존심이 아주 강한 사람입니다. 길에서 그 사람을 보면 다가가 "당신을 용서했습니다"라고는 절대 말하지 못할 겁니다. 하지만 어느 정도 시간이 지나면서 그 사람을 용서할 마음이 조금씩 생겼습니다. 그러자 점차 마음이 편해졌습니다. 한순간에 그런 건 절대 아닙니다. 서서히 치유되었다고나 할까요.

얼마 전에 동생 대니가 전화해서 이렇게 말하더군요. "형, 소식이 하나 있어. 형을 찌른 그 남자 있지? 죽은 채로 발견되었대. 자기가 한 대로 돌려받는 법이라더니, 그 말이 딱 맞지 뭐야. 안 그래?" 저는 담담히 답했습니다. "있잖아, 대니야. 난 아무 느낌이 없어. 사실 그 사람 가족들이 안쓰러워. 더는 억울하거나 분하지도 않아. 이제는 내 인생을 살 거야."

글렌을 포함한 수많은 이들의 경험에서 알 수 있듯이, 용서는 의지를 가지고 미워하는 일을 그만두기로 결심해야 가능하다. 증오는 결국 아무 도움도 되지 않기 때문이다. 하지만 "용서하고 잊어버리라"는 순진한 격언처럼 잊는 게 그리 쉬운 것은 아니다. 학대로 얼룩진 어린 시절의 경험을 단번에 떨쳐버릴 수 있는 사람이 누가 있을까? 휠체어에 앉은 사람이 앞으로 다시는 걸을 수 없다는 사실을 어떻게 잊을 수 있겠는가?

가해자를 용서하기 위해 굳이 그의 얼굴을 대면해야 하는 것은 아니다. 특히 성폭행으로 정신적 외상을 입은 경우에 가해자를 대면하는 것은 바람직하지 않다. 그렇지만 또 어떤 경우에는 직접 얼굴을 대면하고 원한을 청산해야만 앞으로 나아갈 수 있는 사람들도 있다. 다음 이야기가 잘 보여주듯이, 때로는 그런 만남이 인생을 완전히 바꾸어놓기도 한다.

"여러분에게 일어난 일이 여러분 인생의 10퍼센트를 차지한다면, 그 일에 여러분이 어떻게 반응하는지가 나머지 90퍼센트를 차지합니다." 지역 교육자들 앞에서 찰스 윌리엄스가 한 말이다. 찰스는 나의 친구로 허드슨 밸리의 작은 마을에서 경찰서장으로 일하다 은퇴했다. (형사사법학 강사이기도 했다.) 그의 말을 들으면서 우리가 처음 만났을 때가 생각났다. 한 고등학교에서 '비폭력을 통한 갈등 해결'이라는 주제로 열린 강연회에서 그를 처음 만났다. 폭력 범죄 피해자로서 폭행범을 용서한 특별 강사의 이야기를 듣고 윌리엄스 서장은 너무 놀라서 할 말을 잃었다고 했다.

이런 생각이 들었습니다. '아이들에게 비폭력으로 갈등을 해결하는 방법을 가르치다니, 이 얼마나 멋진 일인가.' 한편으로는 이런 생각도 들었습니다. '나는 한 번도 그런 식으로 용서해본 적 없어. 나는 절대 그렇게 못해. 불가능해. 나라면 너무 화가 나서 미쳐버렸을 거야.' 나중에 누군가에게 그날 강연 이야기를 꺼내면서 저는 이렇게 말했습니다. "이런 용서가 어떻게 가능한지 나한테 설명 좀 해줘. 내 머리로는 도저히 이해가 안 돼." 우리는 이야기를 나눴고, 그러다 폭력범을 용서하는 사람을 내가 이해하지 못하는 이유가 무엇인지 불현듯 깨달았습니다. 저에게도 용서해야 할 사람이 있는데, 용서할 수 없었기 때문이었습니다. 그 사람은 바로 저의 어머니입니다.

저는 알코올 중독 가정에서 자랐습니다. 어머니는 지독한 알코올 중독자였습니다. 술에 취하면 가재도구를 집어 던지기 일쑤였습니다. 어머니가 의자를 집어 던지면서 한 말이 기억납니다. "지긋지긋해! 그만 끝내고 싶어!" 한번은 아버지가 밖에 나가지 못하게 붙잡자 입고 있던 외투를 벗어 던지고 뛰쳐나가신 적도 있습니다. 아버지조차 그런 어머니를 막지 못했고, 어머니는 이틀 동안 종적을 감추셨습니다. 아버지와 저는 어머니가 죽었는지 살았는지도 알지 못했죠.

어른이 되었을 무렵 제 마음에는 분노가 가득했습니다. 수년 동안 어머니를 보며 분노했습니다. 솔직히 어머니에게 분노하는 것을 즐기고 있었다고 하는 게 맞을 겁니다. 어머니를 용서해야 한다고 생각한 후로도 5년이 걸렸습니다. 그러나 결국에는 용서했습니다. 화요일이었습니다. 고향인 롱아일랜드로 차를 몰았습니다. 집에 도착하기 15분 전쯤 어머니에게 전화를 걸었습니다. 자동 응답기로 넘어가더군요. 그래서 생각했습니다. '완벽해. 용서하지 않을 핑계가 생긴 거야.' 그러면서 차를 돌리려던 찰나에 제 마음이 제게 말하더군요. "아니, 지금이 기회야." 그래서 자동 응답기에 메시지를 남겼습니다. 곧바로 어머니에게서 전화가 왔습니다.

간단히 줄여서 말하면, 집에 들어가 소파에 앉았습니다. 그리고 저의 유년 시절을 악몽으로 만든 그 여인을 용서했습니다. 분명히 말씀드릴 수 있는 건, 절대 쉽지 않았다는 겁니다. 제게는 늘 험악한 얼굴의 미치광이 괴물이었던 사람이 어느새 허약하고 병든 노인의 모습으로 제 앞에 있었습니다. 산소 호흡기를 달고 폐기종으로 죽어가면서, 제가 이제껏 한 번도 가져본 적이 없는 어머니가 되어 있었습니다.

다시 말하지만, 어머니를 용서하는 건 쉽지 않았습니다. 어머니를 미워했다고 말했죠? 정말로 미워했습니다. 어머니에 대한 증오는 저 개인에게 영향을 끼쳤고, 아내와 별거에 들어갔다는 점에서 저의 결혼 생활에도 영향을 끼쳤습니다. 어머니를 증오하면서 좋은 아버지가 될 수도 없었습니다. 증오심이 모든 것에 해를 끼쳤습니다.

그 후 얼마 안 되어 윌리엄스 서장의 어머니는 뇌종양과 전이
성 폐암 진단을 받았다. 윌리엄스 서장에 따르면, 어머니는 병마
와 싸울 준비가 되어 있었다. 이번 기회에 아들과의 관계를 제대
로 회복하기로 결심한 것도 그 일환이었다.

"바로잡고 싶구나"라고 하시더군요. 그래서 이렇게 말씀드렸습
니다. "엄마, 제가 용서할게요. 바로잡으실 건 아무것도 없어요."
어머니는 방사선 치료를 시작하셨고, 어느 날 여동생에게서 전
화가 왔습니다. "오는 게 좋겠어. 상태가 좋지 않아." 곧바로 비
행기를 타고 어머니가 계신 요양원으로 갔습니다. 병실에 들어
갔는데, 어머니의 모습을 알아볼 수가 없었습니다. 제가 아는 얼
굴이 아니더군요. 이가 빠지고 머리숱도 얼마 남지 않은 상태였
습니다. 거기다 눈까지 머셨고 말을 하거나 움직이지도 못하셨
습니다.
어머니에게 다가가 이렇게 말씀드렸습니다. "용서할게요. 엄
마, 사랑해요." 제 말을 듣고 살며시 웃으시더군요. 롱아일랜드
사투리로 어머니에게 이렇게 덧붙였습니다. "엄마, 헤어스타일
정말 마음에 들어요." 머리끝에서 발끝까지 제게 악담을 퍼부으
시는 소리가 들리는 것 같았습니다. 소리가 입 밖으로 나오지는

않았지만, 정말로 그러셨어요. 그래서 어머니가 제 얘기를 듣고 계신다는 걸 알았죠.

어머니 곁에 앉아서 제가 어머니를 얼마나 사랑하는지 말씀드렸습니다. 그 순간이 마지막일지 누가 아나요. 예전에 어머니를 미워했던 만큼 지금은 어머니를 정말 사랑합니다. 이런 제가 이해하기 어려울 수 있습니다. 하지만 사랑과 증오는 종이 한 장 차이인 경우가 많습니다.

그때 저는 어린아이처럼 울었습니다. 어머니를 잃어버릴지도 모르는 어린 아들처럼 울었습니다. 그러자 몸을 전혀 움직이지 못하시던 어머니가 손을 들어 제 손을 세 번 토닥이셨습니다. 돌아가시기 24시간 전에, 저를 위로하신 겁니다.

어머니를 생각할 때마다 그 순간을 떠올립니다. 하지만 기억하셔야 할 게 있습니다. 만약 제가 먼저 어머니를 용서하고 이미 망가진 관계를 고치려고 하지 않았다면, 그런 순간은 없었을 겁니다.

앞의 이야기가 보여주듯이 응어리진 마음은 삶을 비관하게 하는 데서 그치지 않는다. 원한은 파괴적인 힘을 발휘하고 그 힘은 누구보다 그 자신을 파괴한다. 마치 암세포나 사상균絲狀菌이나 홀

씨처럼 어두운 구석에서 잘 자라고, 마음에 새로 생기는 앙심이나 증오심을 먹고 산다. 근심이 궤양을 악화시키고 스트레스가 심장 질환을 악화시키는 것처럼, 정서적으로뿐 아니라 신체적으로도 황폐해지게 한다. 사실, 응어리진 마음을 풀지 않고 놔두면, 죽음에 이를 수도 있다. 그래서 중국의 공자는 이렇게 말했다. "보복의 길을 떠나기 전에 두 개의 무덤을 파야 한다." 애통하게도, 내가 수년 동안 알고 지낸 앤 콜먼이 바로 그랬다. 델라웨어 주에 사는 콜먼에게는 다음과 같은 일이 있었다.

1985년 어느 날, 로스앤젤레스에 사는 조카에게서 전화가 왔습니다. "이모, 프란시스가 총에 맞아 죽었어요."

그 순간 내가 비명을 지른 것도 기억이 나지 않을 정도로 정신이 없었습니다. 곧바로 캘리포니아행 비행기를 탔습니다. 비행기에 앉아서, 누군가를 죽일 수도 있겠다는 생각이 들었습니다. 제 손에 무기가 있고 그 살인자가 제 눈앞에 있다면, 아마도 저는 정말 그렇게 했을 겁니다.

비행기에서 내리면서 하와이에서 오고 있는 아들 대니얼을 어떻게 맞아야 할지 막막했습니다. 대니얼은 살상 훈련을 받은 육군 하사관이었거든요.

다음 날 아침 경찰서에 갔을 때, 우리가 들은 말은 딸이 죽었고 나머지 일은 우리 소관이 아니라는 것뿐이었습니다. 슬프게도 우리가 로스앤젤레스에 머무는 동안 사건은 아무 진전이 없었습니다. 강력 범죄 담당관은 나흘 안에 용의자를 특정하지 못하면, 사건 해결을 기대하기 어렵다고 하더군요. "관할구에 살인 사건이 너무 많아서 한 사건에 힘을 쏟을 시간이 나흘밖에 없습니다"라면서요.

이 말에 대니얼이 분통을 터뜨렸습니다. 경찰서에서 살인범을 찾는 데 도무지 관심이 없다는 걸 알고, 밖에 나가 기관총을 사서 사람들에게 난사하겠다고 했습니다.

딸아이의 차를 찾으러 보관소에 갔을 때도 경찰관들은 우리가 무얼 보게 될지 사전에 아무 이야기도 해주지 않았습니다. 프란시스는 차에서 피를 흘리며 죽었습니다. 총알이 대동맥과 심장, 양쪽 폐를 관통했습니다. 몸 안에 피가 차올라 숨을 쉬지 못하고 죽은 겁니다. 딸은 일요일 아침 일찍 죽었고, 우리가 차를 찾으러 간 건 화요일 늦은 오후였습니다. 악취가 심했습니다. 그때 그 냄새가 머릿속에서 지워지지 않아 대니얼은 가장 지독한 방법으로 복수하고 싶어 했습니다. 정말 누구든 무언가를 하길 바랐습니다. 동생의 원한을 갚고 정의를 바로 세우기를 바랐습니다.

그 후 2년 반 동안 저는 대니얼이 나락으로 떨어지는 모습을 지켜보았습니다. 그러던 어느 날, 저는 프란시스의 무덤 옆에 서서 대니얼의 관이 땅속에 묻히는 모습을 지켜봐야 했습니다. 결국 대니얼은 복수를 했습니다. 자기 자신에게 말입니다. 증오심이 대니얼을 죽였습니다. 증오심이 대니얼의 몸과 마음에 치명적인 타격을 입힌 겁니다.

기적을 믿으며

복수 저편, 상전벽해와 같은 놀라운 변화를 기대하라.
저편 해안에 도달할 수 있음을 믿어라.
기적과 치료, 치유의 샘을 믿어라.

셰이머스 히니

허물어진 건물 잔해에 깔렸을 때 고든 윌슨은 딸 마리의 손을 잡고 있었다. 1987년의 일이었다. 북아일랜드 에니스킬렌에서 평화롭게 추도 예배를 드리던 중 무장 독립 투쟁을 하던 아일랜드공화군의 폭탄 테러가 있었다. 이 일로 윌슨의 딸 마리를 포함해 10명의 시민이 목숨을 잃었고, 63명이 부상을 입고 병원에 실려 갔다.

놀랍게도 고든은 보복하지 않겠다고 했다. 분노로는 죽은 딸을 다시 살리지도, 벨파스트에 평화가 깃들게 하지도 못한다는 이유였다. 폭탄이 터지고 몇 시간 뒤에 고든은 BBC 기자에게 이렇게 말했다.

오늘, 저는 딸을 잃었습니다. 딸이 보고 싶을 겁니다. 하지만 악의나 원한을 품지 않을 겁니다. 그런다고 딸아이가 다시 살아나는 게 아니니까요. 왜냐고 묻지 마십시오. 저도 모릅니다. 하지만 어떠한 계획이 있다고 믿습니다. 이 믿음마저 없다면, 이미 저는 스스로 목숨을 끊었을 겁니다. 이 사건은 더 큰 계획의 일부입니다. 그리고 딸아이와 저는 다시 만날 겁니다.

나중에 고든은 폭탄 테러를 신학적으로 해석해서 그런 말을 한 게 아니라고 설명했다. 그저 가슴에 있는 말을 쏟아냈을 뿐이라고 했다. 고든은 그날 이후 숱한 날을 자신이 한 말대로 살고자 온 힘을 다했다. 쉽지 않았다. 하지만 그러한 노력 덕분에 비탄에 잠긴 암울한 시간을 버틸 수 있었다.

고든은 딸의 목숨을 앗아간 자들이 양심의 가책을 전혀 느끼지 않는다는 것을 알고 있었다. 그들이 처벌을 받고 감옥에 갇히는 것이 마땅하다고 생각했다. 그럼에도 복수를 꾀하지 않았다.

그 일에 책임이 있는 사람들은 하나님의 심판대 앞에 서야 할 것입니다. 그것은 저의 용서와는 별개입니다. 제가 하는 말이 테러범들이 거리를 활보하게 놔둬도 된다는 이야기처럼 들린다면, 그건 오해입니다. 하지만 저는 그들이 이 세상의 법정에서 심판을 받든 안 받든, 온 힘을 다해 그들을 용서할 겁니다. 심판은 하나님의 일입니다.

사람들은 고든의 진심을 오해했다. 조롱하는 이도 적지 않았다. 하지만 고든은 만약 테러범들을 용서하지 않았다면, 딸이 가족들 곁에 돌아오지 못한다는 사실을 결코 받아들이지 못했을 것이고, 복수심에 매여 한 발짝도 앞으로 나아가지 못했을 거라고 했다. 용서는 개인의 삶을 넘어 훨씬 더 멀리까지 긍정적인 영향을 끼친다. 고든의 발언은 일시적이나마 살해와 보복의 악순환을 끊었다. 용기 있는 고든의 말에 그 지역 프로테스탄트 무장 단체 지도부는 가슴에 품은 복수심을 뉘우치고 보복 공격을 포기했다.

고든처럼 그렇게 빨리 용서하는 경우는 놀랍고도 드문 일이다. 《비열한 거리를 걸으며Down These Mean Streets》라는 회고록으로 유명한 피리 토머스에게도 용서는 쉽지 않았다.

"용서하고 깨끗이 잊어요"라는 말을 들을 때면, 1940-1950년대 뉴욕 게토에서 살던 때가 생각난다. 그때 그곳에서는 폭력이 곧 삶의 일부였다. 그건 지금도 마찬가지다. 폭력에 시달리던 사람들은 용서해달라는 말을 들으면 싫다고 했다. 더러는 이렇게 타협하기도 했다. "알았어, 그래, 용서할게. 하지만 잊지는 않을 거야."

나 역시 그랬다. 원한에 사무쳐 절대 잊지 않겠다고 다짐하던 숱한 사람 중 하나였다. 어머니가 죽었을 때 내가 겪은 고통스러운 기억이 아직 생생하다. 그때 어머니는 고작 서른네 살이었고, 나는 열일곱 살이었다. 어머니를 데려간 하나님에게 몹시 화가 났다. 인정머리 없는 하나님을 용서할 수 없었다. 시간이 흐르고 하나님을 용서하긴 했지만, 고통스러웠던 그날의 기억은 아주 오랫동안 사라지지 않았다. 엄청난 고통이 여전히 살아서 내 마음을 짓누르고 있었기 때문이다.

스물두 살에 친구 세 명과 여러 차례 강도질을 했다. 그러다 마지막에는 경찰과 총격전을 벌인 끝에 붙잡혔다. 경찰관 중 한 명이 내게 총을 쏘았고 나도 그에게 총을 쏘았다. 다행히 경찰관은 죽지 않고 살아났다. 만약 그때 그가 죽었다면, 나는 싱싱 교도소 전기의자에 앉아 사형을 당했을 테고, 그러면 지금 이렇게 글을 쓸 수도 없었을 것이다.

벨뷰 병원에 있는 교도소 병동에서 치료를 받고 있을 때 함께 강도질을 했던 친구 안젤로가 내게 불리한 증언을 했다. 안젤로는 내게 형제나 다름없는 친구였다. 뉴욕 시 104번가에서 함께 자란 단짝이었다. 그런데 그가 예전에 저지른 단순 강도 사건을 내게 뒤집어씌웠다. 관할 경찰서 형사가 어머니도 알아보지 못할 정도로 얼굴을 짓이겨놓겠다고 으름장을 놓은 탓이었다. 온 힘을 다해 버티다가 결국에는 있지도 않은 일까지 털어놓았다. 벨뷰 병원에서 나온 나는 맨해튼 교도소에 수감되었고, 그곳에 도착해서야 안젤로가 내게 어떠한 죄를 뒤집어씌웠는지 알게 되었다.

결국 5년 이상 10년 이하의 중노동형과 5년 이상 15년 이하의 중노동형을 동시에 선고받았다. 처음에는 싱싱 교도소에 있다가 나중에는 콤스톡 교도소에서 형을 살았다.

그 후 몇 년간 안젤로만 생각하면 화가 치밀었다. 안젤로의 배신으로 나는 사우스 브롱크스에서 있었던 두 번의 무장 강도 사건을 뒤집어썼다. 감방에 앉아 안젤로를 어떻게 죽이면 좋을지 생각했다. 차라리 죽여달라고 애원할 때까지 흠씬 두들겨 패줄까 하는 생각도 했다. 안젤로와 나는 거리에서 만난 의형제였다. 그를 정말 좋아했었는데, 감옥에 갇혀 있는 동안은 그가 너무 미웠고 가장 끔찍한 방법으로 복수하고 싶은 생각뿐이었다. 사실, 수년 동안 이런 흉악한 마음을 떨쳐내려고 부단히 애썼다. 그런 생각을 지워달라고 기도하기도 했다. 꽤 오랫동안 안젤로 생각이 나지 않을 때도 있었다. 그러다 불현듯 그가 나를 배신하는 장면이 머릿속을 비집고 들어오곤 했다.

1957년에 나는 마침내 출소했다. 가석방이라 매주 가석방 담당 직원과 보호관찰관에게 보고를 해야 했다. 다시 거리에 나오자 안젤로와 마주치면 어떻게 할까 하는 생각을 떨칠 수 없었다. 일부러 찾지는 않았다. 다시는 보고 싶지 않았다.

118번가에 있는 작은 교회에 출석했다. 비열한 거리가 강한 힘으로 나를 잡아당겼고, 나는 그곳으로 다시 돌아가지 않기 위해 교회를 사회 복귀 시설로 삼았다. 가끔 안젤로 생각을 하면 여전히 화가 치밀었다. 하지만 우연이라도 안젤로와 마주친 적은 없었다. 그리고 더 좋은 생각들이 내 머릿속을 채웠다. 감옥에서 쓰기 시작한 책을 쓰고, 넬린이라는 젊은 여성을 만나고, 그녀와 사랑에 빠져 기쁨을 누리고 따스한 느낌을 함께 나누었다. 그렇게 안젤로에 관한 기억은 차츰 희미해졌다.

어느 온화한 여름 저녁, 넬린과 나는 3번가를 걷고 있었다. 우리는 즐겁게 보석상을 돌며 약혼반지와 결혼반지 비용을 알아보았다. 한 가게에서 나와 다음 가게로 발걸음을 옮기는데, 누군가 내 이름을 불렀다. "어이, 피리." 단번에 안젤로라는 걸 알았다. 뒤를 돌아보았다. 앳된 얼굴이었는데, 이제 주름이 깊게 패어 있었다. 늘 뒤를 힐끔거리며 경계하느라 스트레스를 받은 탓이리라. 위액이 역류하는 것처럼 속에서 분노가 끓어올랐다. 화를 참으며 안젤로가 무슨 말을 할지 인내심을 갖고 기다렸다.

넬린이 내 팔을 잡아당기면서 이 사람이 그 사람이냐고 눈빛으로 물었다. 그리고 속삭였다. "피리, 부디 잊지 말아요. 우리가 나눈 얘기."

넬린을 향해 고개를 끄덕인 뒤 다시 안젤로를 쳐다보았다. 안
젤로는 침을 꿀꺽 삼켰다. 두려워서가 아니라 아주 오랫동안 가
슴에 담아두었던 말을 꺼내려고 안간힘을 쓰는 것처럼 보였다.
그가 온화한 목소리로 말했다.

"피리, 너를 포함해서 사랑하던 사람들에게 상처를 줬다. 형사
가 어찌나 심하게 두들겨 패는지, 나도 어쩔 수 없었어. 제발, 너
를 배신한 날 용서해줘, 친구야."

나는 안젤로를 빤히 쳐다보았다. 그렇게 비열한 짓을 하고도
나를 '친구'라고 부르는 배짱이 있다는 게 믿기지 않았다. 한편
으로는 '친구'라는 소리를 다시 들으니 반갑기도 했다.

"용서 못한대도 이해해. 하지만 이런 용기를 내기까지 참 오
래 걸렸다. 네가 용서 못한다고 해도 나는 계속 용서해달라고 할
수밖에 없어. 피리, 부디 뭐라고 말 좀 해줄래?"

안젤로를 빤히 쳐다보는 나를 보고 넬린이 내 손을 꼭 쥐었다.
그제야 겨우 입을 열 수 있었다. 가슴에서 쏟아진 말이 영혼을
짓누르던 무거운 짐을 치웠다. 영혼이 자유로워지는 것 같았다.

"그래, 친구야. 용서할게. 누구에게나 극한의 상황이 있다고
하더라. 나도 마찬가지고. 용서할게. 그리고 깨끗이 잊을게. 돌아
가신 어머니의 이름을 걸고 맹세한다."

안젤로와 나는 마주보고 눈물을 흘렸다.

"고마워, 피리. 비겁하게 널 배신한 나를 오랫동안 미워했다.

그때로 다시 돌아갈 수 있다면 너를 배신하느니 차라리 그놈들에게 맞아 죽을 거야. 용서하고 잊어준다니, 고맙다, 친구야. 진심이다."

안젤로는 손을 내밀다가 멋쩍은 듯 슬그머니 거두었다. 나는 재빨리 손을 내밀어 안젤로의 손을 잡고 흔들었다. 진심이었다. 안젤로도 내 손을 꽉 잡았다. 우리는 가볍게 서로를 안아주었다. 안젤로는 나와 넬린에게 고갯짓으로 인사하고 떠났다. "친구, 나중에 봐." 나는 넬린을 팔로 감싸 안고 안젤로가 골목 끝으로 사라지는 모습을 바라보았다. 문득 넬린이 읽어준 적이 있는 책의 구절이 떠올랐다. "실수는 인간의 몫이고 용서는 신의 몫이다."

용서는 결코 쉽지 않다. 하지만 아버지가 늘 하신 말씀처럼 "모든 일은 배우기 전까지는 어렵다. 그러나 일단 배우고 나면 그렇게 쉬울 수가 없다." 나는 배웠다. 거리의 형제 안젤로를 용서하는 법을 배웠을 뿐 아니라 숱한 시간 동안 복수심에 불타올랐던 나를 용서하는 법을 배웠다. 마음속에 아침 해가 떠오르는 것 같았다. 넬린과 나는 손을 맞잡고 미소를 지으며 다음 보석가게로 향했다. 내 안의 사랑이 마침내 증오의 무게로부터 자유로워졌다.

그 후 나는 안젤로를 본 적이 없다. 다른 도시로 이사 갔다고 들었는데, 몇 년 뒤에는 사채업자에게 살해당했다는 끔찍한 소식이 들렸다.

안젤로를 용서한 것을 절대 후회하지 않는다. 세상에서 가장 잔인한 감옥은 용서하지 않는 마음과 영혼이라는 것을 배웠기 때문이다.

때로는 용서의 필요성을 절감한 뒤에도 용서할 수 없다고 항변하고 싶어진다. 너무 힘들고 어렵다며, 용서는 성인들에게나 어울리지 우리 같은 보통 사람에게는 어울리지 않는다고 말한다. 너무 깊이, 너무 많은 상처와 오해를 받았다고 생각한다. 내 이야기를 제대로 들어주는 사람은 아무도 없다고 말한다.

고든과 피리는 선택지를 놓고 이리저리 재는 대신 그 자리에서 용서하기로 했다. 진심으로 상대방을 용서했다. 만약 그 순간에 용서하지 못했다면, 아마 두 사람은 평생 상대방을 용서하지 못했을지도 모른다. 물론 누구나 그렇게 단호하고 빠르게 용서할 수 있는 것은 아니다. 그러나 다음 이야기가 보여주듯이, 조금 시간이 걸린다고 용서의 힘이 약해지는 것은 아니다.

하심 개럿은 한때 장전된 총을 들고 갱단과 함께 뉴욕 시 브루클린을 배회했다. 그런데 지금은 미국 전역을 돌며 학생들에게 영감을 주는 유명한 강사로 활동하면서 '위즈덤 앤 언더스탠딩Wisdom and Understanding'이라는 컨설팅 회사를 운영하고 있다. 열다섯 살에 총에 맞아 하반신이 마비되었고, 그 때문에 목발을 짚고 힘겹게 걷는다. 그러나 이상하게도 하심에게는 그날의 사고가 살면서 겪은 최악의 순간은 아니었다고 한다. 오히려 "인생을 제대로 보게 하고, 새로운 삶을 살 수 있게 도와준 인생 최고의 날"이었다고 한다. 어떻게 그런 생각을 할 수 있는 걸까? 의외로 하심의 설명은 간단했다. 비결은 바로 용서였다.

브루클린에서 자라면서 한 일이라고는 친구들과 몰려다니는 게 전부였습니다. 주로 저보다 나이가 많은 형들과 어울렸습니다. 그들은 책상에 앉아 공부하는 건 멋있는 게 아니라고 생각했죠. 저도 얼마 되지 않아 잘못된 결정을 내렸습니다. 그때는 그게 그릇된 결정이라고 생각하지 않았고, 그 형들이 하는 일은 모두 멋있게만 보였습니다. 형들은 학교도 안 가고 여자 친구도 많았습니다. 자기가 하고 싶은 건 뭐든 다 하는 것처럼 보이더군요. 전 그게 좋았습니다. 어머니는 그런 녀석들과 어울리지 말라고 누누이 말씀하셨죠. 하지만 전 그때 열다섯 살이었어요. 세상사를 알 만큼 아는 나이니까 어머니의 걱정 따위는 필요 없다고 생각했습니다. 그래서 늘 건성으로 대답했죠. "알았어, 알았다고!"

그러다 함께 어울리던 형들과 다툼이 생겼습니다. 처음에 형들과 어울려 다닐 때는 뭐든 시키는 대로 했습니다. 누굴 손봐주라고 하면 그대로 했습니다. 제가 얼마나 배짱이 있는지 보여주고 싶었으니까요. 다른 나쁜 짓도 많이 했습니다. 그러나 시간이 지나면서 자꾸 더 나쁜 짓을 시키는 형들에게 "그 일은 안 할래요"라고 반발했습니다. 그래서 티격태격했고요. '친구'라면서 자기들이 시키는 일을 할 때만 좋아했죠.

형들은 '만약을 대비해서' 늘 총을 가지고 다니라고 했습니다. 만약 문제가 생기면 자신을 보호할 수 있다면서요. 그러던 어느 날… 1990년 5월 7일이었습니다. 길모퉁이에 있는 가게 쪽으로 걸어가는데 기분이 좀 이상했습니다. 옆에 있던 형이 "조심해! 뛰어!" 하고 소리를 지르더군요. 무작정 뛰었습니다. 죽을힘을 다해 뛰다가 뒤를 돌아보았더니 한 아이가 자동소총을 들고 있었습니다. 바지가 이상하게 출렁이더니 뒤에서 무언가가 등을 세게 치는 느낌이 들었습니다. 그때는 바지가 출렁인 게 총알이 다리를 관통해서란 걸 몰랐습니다. 등에서 느껴지는 통증도 총알 때문이었습니다.

저는 바닥에 쓰러졌고 움직이려고 애썼지만, 움직일 수 없었습니다. 다리에 감각이 없었죠. 완전히 혼자였습니다. 눈을 감으니 너무나 무서운 생각이 들었습니다. 총을 든 녀석이 다가와서 저를 죽일 게 뻔했으니까요. 그런데 다시 눈을 다시 떴을 때 그 녀석은 이미 사라진 뒤였습니다.

다리와 등을 관통한 총알 외에도 네 발의 총알이 하심의 몸을 관통했다. 그리하여 총 열두 곳에 총상을 입었다.

바닥에 쓰러져 피를 흘리면서 하늘을 올려다봤습니다. 그리고 소리쳤죠. "하나님, 제발 죽지 않게 해주세요." 제 기도를 들으실 거라는 느낌이, 강한 확신이 들었습니다. 하나님께 기도하는 순간 세상이 명멸하는 것 같았습니다. 심장이 쿵쾅거렸습니다. 그런데 죽지 않게 해달라는 그 말을 내뱉은 뒤에는 두려움마저 느낄 수 없었습니다. 모든 게 변했습니다. 갑자기 평온해졌습니다. 신앙을 갖게 된 지금은 그때 왜 그랬는지 압니다. 창조주에게 부르짖었더니 그분이 평안으로 저를 감싸 안으셨던 겁니다.

그 순간 어떤 사람이 제 머릿밑에 외투를 받쳤습니다. 나를 옮길지 말지 옥신각신하는 소리가 들렸습니다. 옮기라는 제 말에 친구들이 들어 올리려다 곧 다시 내려놓았습니다. 무언가 "툭" 하는 소리가 났거든요.

"툭" 하는 소리는 아마 척추에서 난 소리였을 것이다. 그 뒤 하심은 하반신이 마비되었다. 그리고 꼬박 일 년 동안 병원에 누워 가해자에게 앙갚음할 궁리만 했다. 총에 맞은 그날 이후 하심은 머리카락을 자르지 않고 땋기 시작했다. 그날을 잊지 않기 위해서였다.

복수심이 저를 갉아먹었습니다. '병원에서 나가기만 해. 두고 봐.' 이런 생각만 되뇌었거든요. 형사가 병원에 찾아와서 나를 쏜 녀석을 잡았다고 했을 때는 '그 애가 아니라고, 풀어달라'고 했습니다. 제 손으로 직접 복수하고 싶었거든요. 그러자 형사가 그러더군요. "무슨 소리야? 그 녀석이 범인 맞아." 형사들은 제가 제 손으로 복수하러 나설까 봐 염려했습니다. 그래서 거짓말을 했습니다. "걱정 마세요, 아무 짓도 안 해요."

하루하루 이를 악물고 버텼습니다. 그렇게 몇 주가 지나는 동안 점점 더 화가 치밀었습니다. 결국에는 울부짖었죠. 도저히 잠이 오지 않았습니다. 먹지도 않고 약도 거부했습니다. 저를 쏜 녀석을 죽일 수 있을 만큼만 몸이 회복되길 바랐습니다. 평소에 알고 지내던 사이도 아니었습니다. 왜 저를 쏘았는지 알고 싶었습니다. 함께 어울리던 형들이 저를 함정에 빠트렸다는 사실을 나중에 알았습니다. 형들과 사이가 삐걱거리기 시작했다고 말씀드렸죠? 제가 자기들과 어리석은 짓을 할 때만 저를 좋아했던 겁니다.

시간은 계속 흘러갔고, 어느새 생각이 바뀌기 시작했습니다. 제가 그 사람에게 복수하면, 하나님이 저로 하여금 어떤 일을 겪게 하실지 짐작이 되었습니다. 하나님이 이번 일을 통해 저에게 아주 중요한 교훈을 가르치려고 하시는 것 같았습니다. 그 가르침을 진지하게 받아들여야겠다는 생각이 들었죠. 제가 그 녀석을 해치면, 저에게도 좋지 않은 일이 돌아올 게 뻔했습니다. 사실 사건이 있기 6개월 전에 저도 다른 사람을 총으로 쏜 적이 있습니다. 왜 그랬냐고요? 별 이유 없었습니다. 함께 어울리던 형들이 그러라고 시켰고, 저도 제가 얼마나 센지 보여주고 싶었습니다. 그로부터 6개월 뒤, 이번에는 제가 다른 사람의 총에 맞은 겁니다. 그 녀석도 자기 '친구'들이 시켜서 그랬겠지요. 무엇이든 뿌린 대로 거두기 마련입니다. 꼭 그렇게 됩니다. 그때가 언제냐의 문제일 뿐이죠.

당시 제가 겪은 고통은 지금도 말로 표현하기 어렵습니다. 완전한 무기력을 어떻게 설명할 수 있을까요? 열다섯 살 소년이 화장실에 갈 때도 누군가의 도움을 받아야 하는 심정을 누가 이해할까요? 이전에 잘못된 선택을 한 걸 후회한다고 백번 말해도, 혼자 힘으로 걸을 수 없다는 현실은 변하지 않았습니다. 그때 느낀 고통은 어떻게 표현할 수가 없습니다. 신체적 고통이 전부가 아닙니다. 사실 그건 그리 큰 문제가 아니었어요. 더 견디기 힘든 것은 전혀 준비되지 않은 상태에서 직면한 혼란과 번민, 내적 고통이었습니다. 내면의 통증을 느꼈습니다. 지옥이 따로 없었죠. 호소할 데도 없고 달리 방도가 없었습니다. 나의 선택이 불러온 결과를 그저 받아들일 수밖에 없었습니다.

결국, 용서하기로 했습니다. 하나님이 저를 살리신 데에는 어떤 이유가 있을 것이고, 저는 그 목적을 이루어야 한다는 생각이 들었습니다. 저를 살리신 이유가 무엇인지는 몰라도, 하나님이 특별한 무언가를 생각하고 계시는 것 같았습니다. 내가 다시 거리로 돌아가서 누군가에게 해를 끼칠 수 없다는 것도 알게 되었습니다. 눈에는 눈으로, 이에는 이로 갚아주는 식의 사고방식과 생활방식은 이제 끝났다는 생각이 들었습니다.

모두 내려놓고 미워하는 것도 그만두어야 한다는 걸 알게 되었습니다. 이제 이 땅에서의 시간은 덤으로 얻은 것이나 다름없으니까요. 저의 영혼이 육신의 껍데기를 벗을 때 악한 행실보다 선한 행실이 더 많게 해야겠다는 생각이 들었습니다. 그리고 용서하려는 마음이 있으면, 나쁜 일이 생겨도 그 일이 도리어 전화위복이 될 수 있다는 것을 배웠습니다.

저에게 총을 쏜 사람만 용서하면 되는 게 아니었습니다. 제 생명을 소모품처럼 여기고 함정을 판 '친구들'도 용서해야 했습니다. 그리고 저 자신과 창조주 하나님을 용서해야 했습니다. 이런 생각이 들더군요. "정말 끔찍해요, 하나님. 그냥 죽게 놔두시지 왜 이런 고통을 겪게 하시는 겁니까?"

예수의 공현公現을 보는 것 같았습니다. 병상에 누워 있는데 무언가가 다가와 제게 용서해야 한다고 말했습니다. 용서하지 않았다면, 과연 지금 제가 이 자리에 있을 수 있었을까요? 용서하지 않았다면, 지금처럼 전 세계를 다니며 십 대들에게 더 나은 세상을 만드는 일에 대해 이야기하지 못했을 겁니다.

하심의 이야기는 어디에서든 용서로 폭력의 악순환을 끊을 수 있다는 사실을 우리에게 일깨워준다. 하심이 나고 자란 빈민가처럼 전혀 희망이 보이지 않는 곳에서도 용서로 폭력의 악순환을 끊는 것이 얼마든지 가능하다는 것을 보여준다. 다음에 소개할 이야기도 마찬가지다. 지금 우리 시대의 가장 극단적인 충돌이라 할수 있는 이라크 전쟁으로 상처 입은 두 사람의 이야기는 참혹한 전장에도 평화의 씨앗이 뿌려질 수 있고, '복수 저편 해안'에 도달할 수 있다는 희망을 보여준다.

1998년 봄, 우리 가족의 오랜 벗인 캐럴과 도리스 킹은 UN 제재 조치의 실효성을 조사하기 위해 인권사절단과 함께 이라크를 방문했다. 바그다드에 머무는 동안 두 사람은 가이다라는 여성을 만났다. 이 세상의 어떤 어머니보다 많은 고통을 받았지만, 그럼에도 용서할 준비가 되어 있는 사람이었다.

가이다는 걸프전 당시 알 아미리야 대피소 폭격 사건으로 아홉 명의 자녀를 잃었다. 미국이 컴퓨터로 조정하는 '스마트 폭탄'으로 바그다드에 있는 민간인 대피소를 폭격한 사건이었다. 그날 폭격으로 1,000명이 넘는 이라크 민간인이 재로 변했다. 대다수가 여성과 어린아이들이었다.

폭탄이 터지면서 발생한 열로 인해 대피소 벽에는 사람의 형상이 흔적처럼 남아 있다. 가이다는 이라크를 찾는 관광객들이 그 끔찍한 참상을 보고 앞으로 무자비한 폭격에 반대하는 목소리를 내주길 바라며 사람들을 폐허가 된 대피소로 안내한다. 가이다의 안내에 따라 대피소를 둘러본 캐럴과 도리스는 충격에 휩싸였다. 그리고 미국이 그녀의 가족과 사람들에게 저지른 만행에 대해 용서를 구했다. 2차 세계대전 당시 미 공군 장교로 유럽 전선 폭격에 참여했던 캐럴은 죄책감으로 특히 더 마음이 무거웠다. 가이다는 그와 악수를 나누고는 눈물을 터트렸다. 그리고 울먹이며 말했다. "용서할게요."

가이다는 인간적인 의미에서 '정의'가 이뤄지는 것을 끝내 보지 못할 것이다. 아홉이나 되는 자녀들의 목숨을 무엇으로 보상받을 수 있겠는가? 그녀는 절대 아이들을 잊지 못할 것이다. 그러나 진심으로 용서를 구하는 두 사람을 보고 가이다는 평화를 찾았다. 무엇으로도 값을 매길 수 없는 평화를 얻었다.

증오의 악순환 끊기

교활하게 악을 행하는 악한이 있다면, 그를 나머지 사람들에게서 분리해 없애버리면 된다! 그러나 선악의 구분선은 모든 인간의 마음을 둘로 가른다. 자신의 마음 한 부분을 기꺼이 없애려는 자 누구인가?

알렉산드르 솔제니친

많은 사람이 어릴 때부터 암송하는 주기도문에는 이런 구절이 있다. "우리가 우리에게 죄 지은 자를 사하여준 것같이 우리 죄를 사하여 주시옵고." 익숙한 구절이다. 그러나 이런 기도를 하면서 우리가 진심을 담고 있는지, 이 기도의 의미를 충분히 이해하고 있는지는 의문이다. 나는 이 기도가 '나 역시 용서가 필요한 존재라는 사실을 깨달은 다음에야 다른 이를 용서할 수 있다'는 뜻이라고 생각한다. 그러나 대부분의 사람들은 자신에게도 용서가 필요하다는 사실을 깨닫지 못한다. 이 사실을 깨닫기 위해서는 겸손해져야 하기 때문이다. 결국 용서의 본질은 겸손이 아니겠는가?

마태복음에 기록된 산상수훈에서 예수님은 온유한 자가 땅을 기업으로 받을 것이라고 하셨다. 또한 인정 없는 종을 비유로 누구든 다른 사람을 대할 때 자신이 대접받고자 하는 것보다 더 가혹하게 대해서는 안 된다고 가르치셨다.

그러므로 천국은 그 종들과 결산하려 하던 어떤 임금과 같으니 결산할 때에 만 달란트 빚진 자 하나를 데려오매 갚을 것이 없는지라. 주인이 명하여 그 몸과 아내와 자식들과 모든 소유를 다 팔아 갚게 하라 하니 그 종이 엎드려 절하며 이르되 내게 참으소서 다 갚으리이다 하거늘 그 종의 주인이 불쌍히 여겨 놓아 보내며 그 빚을 탕감하여 주었더니 그 종이 나가서 자기에게 백 데나리온 빚진 동료 한 사람을 만나 붙들어 목을 잡고 이르되 빚을 갚으라 하매 그 동료가 엎드려 간구하여 이르되 나에게 참아주소서 갚으리이다 하되 허락하지 아니하고 이에 가서 그가 빚을 갚도록 옥에 가두거늘 그 동료들이 그것을 보고 몹시 딱하게 여겨 주인에게 가서 그 일을 다 알리니 이에 주인이 그를 불러다가 말하되 악한 종아 네가 빌기에 내가 네 빚을 전부 탕감하여주었거늘 내가 너를 불쌍히 여김과 같이 너도 네 동료를 불쌍히 여김이 마땅하지 아니하냐 하고 주인이 노하여 그 빚을 다 갚도록 그를 옥졸들에게 넘기니라(마 18:23-34).

내가 경험한 바로는 자신이 누군가에게 용서를 받았다는 생각이 있을 때 다른 사람을 용서하려는 열의가 가장 강해진다. 그러한 경험이 없다면, 최소한 이 세상 사람들과 마찬가지로 나 역시 완벽하지 않고 누군가의 용서가 필요한 일을 저질렀음을 깨달아야 다른 이를 용서하려는 동기가 강해진다.

　보스턴 출신의 아프리카계 미국인 학생 자레드가 바로 그런 경험을 했다.

　여섯 살 때 인종차별이라는 현실에 눈을 떴습니다. 집이라는 안전한 환경에서 생활하다가 집 근처에 있는 초등학교에 들어간 순간 진짜 세상에 내던져졌습니다. 입학하고 한 달 만에 법 규정이 바뀌는 바람에 버스를 타고 시내를 지나 다른 학교로 등교하게 되었습니다. 저를 잘 알고 아껴주는 사람들이 있는 곳에서 학교에 다니길 바라셨던 부모님은 무척 실망하셨습니다. 시골에 부모님 소유의 농장이 있어서, 우리는 그곳으로 이사했습니다.

　흑인 민권 운동을 하셨던 아버지는 제게 백인이든 흑인이든 모든 사람을 사랑하고 존중하라고 가르치셨습니다. 부모님은 제가 인종차별의 벽 너머의 세상을 보길 바라셨습니다. 하지만 새로 전학 간 학교에서 흑인은 저뿐이었고, 그곳 아이들은 마치 미워하며 살도록 가르침을 받은 것 같았습니다.

자신과 다른 점을 발견할 때 아이들은 쉽게 잔인해집니다. 처음에는 별 뜻 없이 묻지요. "넌 피부색이 왜 갈색이야?" 그러다 금세 비웃고 조롱하기 시작합니다. 무언가 다르다는 것은 '정상'이 아니고 무언가 잘못된 것이라고 은연중에 배웠기 때문이죠.

저는 물 밖에 나온 고기처럼 주변 환경과 어울리지 못했고, 아이들은 저를 가만두지 않았습니다. 지금도 잊히지 않습니다. 통학 버스에서 제가 백인 친구에게 다른 백인 친구를 소개했습니다. 그때부터 두 아이는 저를 따돌리고 항상 자기들끼리만 앉았습니다.

열두 살에 다른 학교로 전학을 갔는데, 그곳 상황은 180도 달랐습니다. 반에는 온통 흑인뿐이고 백인 학생은 한 명뿐이었습니다. 숀이라는 아이였는데, 전 학년을 통틀어 유일한 백인이었습니다. 우리는 숀을 따돌리고 조롱하고 인종차별적인 별명을 붙였을 뿐 아니라 신체 학대도 서슴지 않았습니다. 백인을 향한 증오를 그 아이에게 전부 쏟아부었습니다. 숀이 우리에게 잘못한 건 아무것도 없었습니다. 그러나 우리는 화가 나 있었습니다.

우리에게 숀은 백인과 백인이 저지른 역사를 상징했습니다. 백인이 우리에게 안겨준 굴욕과 린치, 집단 공격, 노예무역을 상징했습니다. 그래서 우리는 가슴속 응어리와 분노를 숀에게 쏟아부었습니다.

저는 끝내 숀에게 사과하지 못했습니다. 제 안에 도사린 인종 차별주의에 눈을 떴을 때 우리는 이미 어른이 되어 뿔뿔이 흩어진 뒤였으니까요. 대신 숀에게 상처 준 것에 대해 하나님께 용서를 구했습니다. 그리고 전교에서 흑인이 저 하나뿐이었던 그 학교에서 저를 마음에 들어 하지 않았던 아이들을 용서하기로 했습니다.

나의 유대인 친구 헬라 에이를리히도 이와 비슷한 경험을 했다. 헬라는 나치 독일에서 자랐다. 다행히 헬라의 부모님과 형제들은 2차 세계대전이 발발하기 직전에 독일을 빠져나와 죽음의 수용소에 끌려가지 않았지만, 조부모님과 어릴 적 친구 전부를 홀로코스트로 잃었다.

시간이 마음의 고통을 덜어준다고 이야기들 하지만 헬라에게는 정반대였다. 자신도 알아차리지 못하는 사이 상처는 마음을 응어리지게 했고 고통은 분노로 변했다. 그런 마음은 헬라가 원한 것이 아니었다. 헬라는 사랑하며 자유롭게 살고 싶었다. 마음이 모질어지지 않게 하려고 부단히 몸부림쳤다. 그래도 용서가 되지 않았다.

그러던 어느 날 문득 이런 생각이 들었다. '그들에게는 죄가 있다. 하지만 그들 역시 우리와 같은 인간이다. 이 사실을 인정해야 한다. 그러지 않으면, 나는 절대 가족을 학살한 그들을 용서할 수 없다.'

제 마음에 증오의 씨앗이 자라고 있다는 걸 알고 두려웠습니다. 오만한 생각, 다른 사람을 향한 격앙된 감정, 냉정, 분노, 시기, 냉담함이 자라고 있었습니다. 나치 독일에서 벌어진 일의 근간에 바로 이런 마음이 있었지요. 누구에게나 이런 쓰디쓴 뿌리가 있게 마련이고요.

용서가 절실히 필요한 사람은 나라는 사실을 분명하게 인정하자 그제야 비로소 용서할 수 있었습니다. 그제야 완전히 자유로워졌습니다.

요제프 벤 엘리에제르도 비슷한 길을 걸었다. 1929년 독일 프랑크푸르트에서 폴란드계 유대인 가정에서 태어난 요제프는 박해와 가난을 피해 고향을 떠났지만, 어디에서도 안식을 얻지 못했다.

처음 반유대주의를 경험한 건 세 살 때였습니다. 창밖을 바라보며 서 있는데, 나치당이 만든 청소년 조직 히틀러유겐트가 〈내 칼에 유대인의 피가 흘러내릴 때〉라는 노래를 부르며 행진하더군요. 공포로 파랗게 질린 부모님의 얼굴을 아직도 잊을 수가 없습니다.

우리 가족은 곧 독일을 떠나기로 결심했습니다. 1933년 말, 우리는 폴란드 로즈바도프로 돌아왔습니다. 로즈바도프 주민은 대부분 장인이나 재단사, 목수, 상인으로 일하는 유대인이었습니다. 다들 가난해서 거기에서는 우리 가족을 중산층으로 여겼죠. 우리는 로즈바도프에서 6년을 살았습니다.

1939년에 전쟁이 터졌고, 불과 몇 주 만에 독일군이 우리가 사는 곳으로 진격해왔습니다. 아버지와 형은 다락방에 숨었죠. 사람들이 문을 두드릴 때마다 우리는 두 사람이 집에 없다고 했습니다.

결국 두려워하던 일이 일어났습니다. 모든 유대인은 마을 광장에 모이라고 하더니 몇 시간 안에 출발 준비를 하라는 명령이 떨어졌습니다. 우리 가족은 등에 짊어질 수 있는 짐을 꾸려 광장으로 향했습니다. 나치 친위대 병사들이 마을에서 조금 떨어진 강 방향으로 행진하라고 등을 떠밀더군요. 제복을 입은 사람들이 오토바이를 타고 행렬을 지나쳐갔습니다. 그중 한 명이 서두르라고 윽박지르면서 아버지를 때렸습니다.

강둑에는 제복을 입은 또 다른 사람들이 우리를 기다리고 있었습니다. 몸을 수색해서 우리가 지니고 있던 돈과 보석, 시계 등을 빼앗았습니다. 하지만 부모님이 여동생 옷에 숨겨둔 돈은 찾아내지 못했습니다. 그들은 우리에게 황무지 쪽으로 강을 건너라고 했습니다. 그다음에는 무얼 해야 하는지 아무 지시가 없었고, 그래서 우리는 근처 마을에서 잠을 청했습니다.

며칠 뒤 강의 다른 쪽마저 곧 독일군이 점령할 거라는 소식이 들려왔습니다. 우리는 겁에 질려 어쩔 줄 몰랐습니다. 부모님은 숨겨두었던 돈으로 다른 세 가족과 함께 말과 마차를 사서 어린 동생들을 태우고 살림살이를 실으셨습니다.

우리는 러시아가 있는 동쪽으로 향했습니다. 날이 어두워지기 전에 국경에 닿길 바랐지만, 저녁이 되도록 큰 숲을 빠져나가지 못했죠. 그날 밤 우리 일행은 무장한 악당들에게 습격을 받았습니다. 그들은 우리에게 가진 걸 모두 내놓으라고 했습니다. 무서웠습니다. 하지만 우리는 용감하게 저항했고, 결국 그들은 자전거 한 대와 작은 살림살이 몇 가지만 빼앗아 떠났습니다.

요제프는 시베리아에서 몇 년을 보낸 뒤 1943년에 그곳을 탈출해서 팔레스타인으로 이주했다. 팔레스타인에서 종전을 맞은 요제프는 집단수용소에서 살아남은 유대인들을 만났다.

1945년에 독일 베르겐벨젠 수용소와 부헨발트 수용소에서 살아남은 아이들이 처음 팔레스타인에 도착했습니다. 그 아이들이 수용소에서 어떤 일을 경험했는지 듣고 엄청난 충격을 받았습니다. 열두 살에서 열네 살밖에 되지 않은 아이들이 마치 노인처럼 보였습니다. 아이들의 처참한 몰골을 보자 제 마음속에서 나치를 향한 증오가 불타올랐습니다.

그런데 이번에는 승전국인 영국 정부에서 홀로코스트 생존자들이 팔레스타인으로 이주하려는 것을 막았습니다. 영국을 향해 분노가 일었습니다. 이제 다시는 도살장에 끌려가는 양처럼 힘없이 당하지 않으리라 결심했습니다. 제대로 한번 싸워보기로 마음먹었습니다. 거친 야수들이 판치는 세상에서는 그들처럼 되지 않으면 살아남을 수 없다고 생각했습니다.

팔레스타인에 대한 영국의 위임 통치가 끝나자 영국과 싸울일이 없어졌습니다. 하지만 '우리' 땅을 노리는 아랍인이 아직 남아 있었기 때문에 저는 군에 입대했습니다. 더는 다른 사람이 저를 짓밟게 놔둘 수 없었습니다.

우리 부대는 한 팔레스타인 마을에서 작전을 수행하며 주민들에게 몇 시간 안에 마을을 떠나라고 명령했습니다. 그들을 순순히 보내지는 않았습니다. 증오심에 가득 차서 그들을 심문하고 잔인하게 때리고 심지어 몇 사람을 죽이기도 했습니다. 명령을 받아서 한 일이 아니라 부대원들 마음대로 저지른 일이었죠.

마음속 깊은 곳에 있던 본능의 고삐가 풀려버린 겁니다.

불현듯 전쟁 때 폴란드에서 보낸 어린 시절이 눈앞을 스쳤습니다. 열 살 때 가족들과 함께 집에서 쫓겨나던 모습이 아른거렸습니다. 그런데 지금 눈앞에서 그때의 우리 가족처럼 어른, 아이할 것 없이 아랍인 가족들이 살림살이를 지고 피난을 가고 있었습니다. 그들의 눈에 어린 공포는 내가 익히 알고 있던 것이었습니다. 마음이 요동쳤습니다. 하지만 저는 명령을 수행하는 중이었죠. 이를 악물고 귀중품을 찾아내기 위해 그들의 몸을 수색했습니다.

요제프는 더 이상 피해자가 아니었고 힘을 가진 위치에 서 있었다. 하지만 그것이 그에게 평화를 가져다주지는 못했다. 사실은 정반대였다. 직접 경험했던 고통스러운 기억이 끊임없이 요제프를 갉아먹었고 새로운 죄책감이 물밀듯 밀려왔다.

요제프는 군에서 나왔지만 여전히 행복하지 않았다. 유대교를 버렸고, 그다음에는 종교 자체를 버렸다. 악을 합리화해서 세상을 이해해보려고도 했다. 하지만 소용없었다. 그런데 '예수의 이름으로 벌어지는 온갖 폭력과 아무 상관이 없는 진짜 예수'를 만나면서 증오심에서 벗어난 자유로운 삶을 알게 되었다.

예수님의 말씀이 가슴에 울려퍼졌습니다. "내가 네 자녀를 모으려 한 일이 몇 번이더냐. 그러나 너희가 원하지 아니하였도다"(마 23:37). 민족과 인종, 종교의 벽을 넘어 사람들을 하나로 모을 수 있다는 이 말씀에서 힘이 느껴졌습니다. 그것은 너무나 엄청난 경험이었고 저의 인생을 완전히 바꾸어놓았습니다. 그 말씀이 증오의 치유와 죄의 용서를 의미한다는 사실을 깨달았기 때문입니다.

새로운 신앙 안에서 용서의 실재를 경험하고 저에게 물었습니다. "이런데도 어떻게 다른 사람을 용서하지 않을 수 있어?"

아랍과 이스라엘이 충돌하는 상황에서 요제프처럼 둘 중 어느 한쪽에 속해 있던 많은 사람이 그랬듯, 팔레스타인에 사는 비샤라 아와드도 불의에 동참하다 상처를 입고 용서를 위해 평생 몸부림쳤다.

1948년, 아랍과 유대 정착민이 끔찍한 전쟁을 벌이는 동안 팔레스타인인 수천 명이 목숨을 잃고 그보다 더 많은 이들이 집을 잃었습니다. 우리 가족도 예외는 아니었지요. 아버지가 유탄에 맞아 돌아가셨는데 장사 지낼 곳이 없었습니다. 양쪽에서 날아오는 총탄이 무서워 아무도 그 지역을 떠날 엄두를 내지 못했으니까요. 기도해줄 성직자도 없었습니다. 결국 어머니가 성경 구절을 낭독하고 함께 있던 사람들이 마당에 아버지를 묻었습니다. 시에 있는 묘지에 아버지를 옮길 방법이 없었습니다.

어머니는 스물아홉 살에 미망인이 되어 아이 일곱 명을 홀로 돌보아야 했습니다. 그때 저는 겨우 아홉 살이었죠. 몇 주간 이어진 교전으로 발이 묶여서 지하실 밖으로 나가지 못하던 어느 날 저녁 요르단 군대가 들이닥치더니 우리를 예루살렘 구 시가지로 쫓아냈습니다. 그날 이후 우리가 살던 집과 우리가 쓰던 세간을 보지 못했습니다. 옷가지만 간신히 챙겨서 등에 지고 길을 떠났습니다. 몇 사람은 잠옷 차림으로 떠나야 했습니다.

예루살렘 구시가지에서 우리는 난민이었습니다. 세간이 전혀 없는 석유 저장고에 수용되었죠. 한 무슬림 가족이 담요와 음식을 조금 나눠주었습니다. 그곳에서의 생활은 아주 척박했습니다. 아무것도 먹지 못하고 잠들던 밤들이 지금도 기억납니다.

간호사 공부를 하신 어머니는 병원에서 월급으로 25달러를 받는 일자리를 구하셨습니다. 밤에는 일하고 낮에는 학업을 이어가셨죠. 우리는 고아원에 맡겨졌고요.

누이들은 무슬림 학교에 들어갔고, 남자 형제들은 영국 여자가 운영하는 시설에 들어갔습니다. 제게는 너무나 큰 충격이었습니다. 처음에는 아버지를 잃었고, 그다음에는 어머니를 비롯한 가족들과 떨어져야 했으니까요. 가족은 한 달에 한 번만 방문할 수 있었고, 저는 그 시설에서 12년을 지내야 했습니다. 시설에는 우리 형제 3명과 다른 아이들 80명이 함께 지냈습니다. 고통의 연속이었죠. 늘 먹을 것이 부족했습니다. 그나마 나오는 음식도 끔찍했고 대우도 가혹했습니다.

성인이 된 비샤라는 미국에 건너가 학교를 다녔고 미국 시민이 되었다. 그리고 훗날 이스라엘로 돌아가 기독교 학교 교사가 되었다. 비샤라는 지난날을 이렇게 회상했다.

처음 일 년은 정말 괴로웠습니다. 이룬 것이 별로 없어서 패배감만 들었죠. 유대인 압제자들을 향해 분노가 쌓여갔습니다. 제가 가르치는 학생들은 모두 팔레스타인인이었고 모두 저와 똑같은 고통을 겪었습니다. 그러나 저는 학생들을 도울 수 없었습니다. 증오심이 저의 손발을 다 묶어놓은 탓이었죠. 저도 모르게 어릴 적부터 그런 증오를 품어왔던 겁니다.

어느 날 밤, 울면서 하나님께 기도했습니다. 유대인을 증오한 것을 용서해달라고, 증오심이 저의 삶을 지배하도록 놔둔 것을 용서해달라고 기도했습니다. 그러자 하나님은 제게서 좌절과 절망, 증오를 거두어가시고, 그 자리에 사랑을 심으셨습니다.

보신保身과 개인주의를 중시하는 문화에서는 용서를 비웃기 일쑤다. 사람들은 비샤라의 경험처럼 용서가 상처를 치유하거나 고통스러운 기억의 짐을 덜어줄 수 있다는 사실을 진지하게 고려하려 하지 않는다. 그저 가만히 앉아 있을 뿐이다. 고통스러운 기억에 갇혀서 경련을 일으키고 한 걸음도 앞으로 나아가지 못한다. 용서를 의식적으로 거부하는 탓인지, 그저 고통스러운 기억에서 놓여나지 못하는 탓인지는 중요하지 않다. 어느 쪽이든 내면에 자유가 없는 것은 마찬가지다. 결국 그들이 괴로움에서 벗어나는 길은 하나뿐이다. 눈앞에 있는 자유에 대한 소망을 붙들고 낙담이 될 때에도 믿음을 잃지 않아야 한다. 여러모로 비샤라와 비슷한 일을 경험하고 예루살렘에서 사역하는 나임 아틱 신부는 이렇게 이야기한다.

누군가를 미워하면, 증오의 힘이 그를 사로잡고 탈진시킵니다. 증오와 원한에 사로잡히지 않기 위해 몸부림치십시오. 가끔은 그 싸움에서 이기기도 하고, 가끔은 흠씬 두들겨 맞기도 할 것입니다. 그 과정이 너무 힘들고 어려워도, 증오가 당신을 집어삼키지 못하게 하십시오.

사랑과 용서의 계명을 삶으로 살아내려는 노력을 멈추지 마십시오. 예수님의 메시지에 담긴 힘을 희석시키거나 피하지 마십시오. 비현실적인 계명이라고 일축하지 마십시오. 실제 삶에 적용하기 편하게 자기 마음대로 계명을 재단하지 마십시오. 자신에게 잘 맞게 계명을 바꾸지 마십시오. 있는 그대로 두고, 용서를 갈망하고, 용서하고 사랑하기 위해 노력하십시오.

쉽게 상처받는 허약한 사람들이나 용서를 이야기한다고 여기지 마라. 용서는 용서하는 사람과 받는 사람 모두를 힘 있게 한다. 가장 힘든 순간에 고통을 완화시켜, 응징과 인간적인 공평함에 관한 집착을 내려놓고 마음의 평화를 경험하게 한다. 궁극적으로 용서는 긍정적인 연쇄 반응을 일으켜 우리가 얻은 용서의 열매를 다른 이들과 나누게 한다.

너희를 박해하는 자를 축복하라

이따금 어떻게 해야 할지 모를 때가 있다. 특히, 죄를 짓는 인간을 볼 때
는 무력을 써야 할지, 겸허하게 사랑해야 할지 판단이 서지 않는다. 그
럴 때는 늘 겸허하게 사랑하라. 그렇게 하기로 다짐하면, 최종적으로 전
세계를 복종시킬 수 있다. 애정 어린 겸손은 그 어떤 것과도 비교할 수
없을 정도로 강하다.

표도르 도스토옙스키

산상수훈에서 예수님은 우리에게 적을 사랑할 뿐 아니라 '축복'하
라고 가르치셨다. 그 가르침은 그저 설교가 아니었다. 십자가에서
드린 연민에 가득한 기도가 보여주듯이 예수님은 자신의 가르침
을 그대로 실천하셨다. "아버지 저들을 사하여주옵소서. 자기들이
하는 것을 알지 못함이니이다"(눅 23:34). 최초의 순교자 스데반도
돌에 맞아 죽으면서 똑같이 외쳤다. "주여 이 죄를 그들에게 돌리
지 마옵소서"(행 7:60).

사람들은 이런 태도를 자기를 파괴하는 어리석음으로 치부하며 무시하기 일쑤다. 우리에게 해를 끼치거나 죽이려는 사람을 어떻게 조건 없이 끌어안을 수 있고, 대체 왜 그래야 하는가? 자신을 지키기 위해 맞서 싸워야 하는 것 아닌가? 이 책을 출간하기 전, 여러 해 동안 편지를 주고받은 수감자에게 원고를 보여줬을 때 그 사람도 이렇게 반응했다.

저라면 박해받은 사람들, 유대인이나 아메리카 인디언, 역사 속에서 핍박을 받은 모든 사람에게 "당신을 박해한 사람을 용서하라"고 말하지 못할 겁니다. 누가 감히 그렇게 말할 수 있나요?

목사님은 "예수님!"이라고 답하겠죠. 하지만 유대인이 겪은 일을 보세요. 다른 사람도 아니고 바로 예수님의 제자들, '그리스도인'으로 불리는 자들이 가장 무서운 적으로 변했잖아요. 유대인을 유럽의 게토로 내몰고 게토가 가득 차니까 아우슈비츠 가스실로 밀어 넣은 사람이 누굽니까? 수백만 명의 그리스도인이 그것을 보고도 침묵하지 않았나요? 아메리카 인디언을 보세요. 그들을 멸종 직전까지 몰아붙이고 보호구역이라면서 가장 척박한 땅에 밀어 넣은 게 바로 이 나라입니다.

먹을 것과 농장, 좋은 집, 수익 나는 사업이 넘쳐나는 현실 속 낙원에서 사는 사람들에게나 용서를 설교하기가 쉽지요. 직업도 없이 늘 목숨의 위협을 받으며 짐승 소굴 같은 곳에서 사는 사람들, 프란츠 파농의 표현대로 '대지의 저주받은 사람들'에게 용서를 운운하는 것이 과연 정당한가요? 굶어 죽어가는 사람들에게 그들로 하여금 기아에 허덕이게 한 장본인, 잘 먹어서 포동포동 살이 찐 수백만 명의 사람들을 용서하라고요? 전쟁에 찬성하고, 투옥에 찬성하고, 끊임없는 탄압에 찬성한 사람들을 용서하라고요? 이들 저주받은 자들을 보고 '애초에 태어나지 말았으면 좋았을 것'이라고 내심 생각하는 사람들을 용서하라고요? 자신들에게 앞으로 닥칠 핍박을 용서하라고요? 다가올 대량학살을 용서하라고요?

"주님, 악을 행하는 저들을 용서해주십시오. 저들과 저들의 조상이 500년 동안 똑같은 일을 저질러왔으나 그럼에도 저들을 용서해주십시오." 당신이라면, 정말 이런 기도를 할 수 있습니까?

제가 진심으로 정치적 행동을 요청하는 이유가 바로 이 때문입니다. 지옥 같은 현실을 바꾸고, 수많은 사람들을 위해 지옥과 같은 이 세상을 바꾸라고 촉구하는 이유가 바로 이 때문입니다. 먼저 사람들이 처한 환경을 바꾸세요. 용서는 그다음에나 가능할 테니까요.

누군가에게는 이 사람의 말이 심히 귀에 거슬릴지도 모른다. 하지만 의미 있는 이야기다. 그의 시각은 이 책에 나오는 사람들과 다른 관점을 보여주기 때문이다. 그는 약 25년 전에 상급 법원에서 공정성 시비로 여전히 논쟁이 진행 중이던 정치적 문제로 재판을 받았고, 살인에 대해 유죄 판결을 받았다. 죄를 뒤집어쓴 것으로 생각하는 이들이 많았지만, 결국 그는 사형을 피하지 못했다. 누군가를 용서할 거리가 많은 사람이 있다면 바로 이 사람일 것이다. 정의롭지 못한 시스템에 눈을 감고 있는 기독교 세계가 어떻게 감히 핍박받는 사람들에게 용서를 기대할 수 있냐는 그의 이의 제기는 타당하고 꼭 필요하다. 나는 성 프란체스코의 말이 부분적으로나마 이 질문에 답이 될 것으로 생각한다. "늘 복음을 전파하라. 필요하면, 말로도 전하라." 용서의 본질을 건드리는 말이다. 용서를 이론화하고 칭찬하거나 타인에게만 요구하는 것은 아무 의미가 없다. 다음의 이야기가 보여주듯이, 정말로 실천할 의지가 있을 때에만 용서의 진정한 힘이 발휘되는 법이다.

인도에서 30년 넘게 나병 환자를 돌봐온 글래디스 스테인스와 남편 그레이엄 스테인스는 숱한 죽음을 목격해왔다. 하지만 그 많은 경험도 아무 도움이 되지 못했다. 1999년 1월의 어느 날 밤, 선교사인 남편과 어린 두 아들이 종교 집회에 갔다가 돌아오지 않았다. 다음 날, 글래디스에게 연락이 왔다. 가족 소유의 지프가 불에 탄 채 발견되었고 차에 타고 있던 사람들은 형체를 알아보기 어렵다고 했다. 참혹했던 그날 아침, 옆에 있던 이들 중에 누구도 글래디스의 반응을 예상하지 못했다. 〈뉴욕 타임스〉는 그 순간을 이렇게 보도했다.

글래디스 스테인스는 슬픔으로 몸을 떨었고, 마치 공기를 가르고 발을 옮기려고 애쓰는 것처럼 아주 천천히 움직였다. 어떤 생각에 붙들린 것 같더니 마침내 떨리는 목소리로 말했다. "이 일을 저지른 사람이 누구든, 우리는 그를 용서할 겁니다."

살아 있는 믿음의 본보기라 할 수 있는 그녀의 반응은 종교 갈등으로 인한 폭력, 특히 힌두교도와 무슬림 사이의 폭력을 용인해온 인도에서 찬사를 받았다. 대법원에서 살인 사건과 이와 관련 있는 기독교인에 대한 광범위한 폭행 사건의 판결을 맡은 D. P. 와드와 판사는 이렇게 말했다. "스테인스 씨의 태도는 범인들뿐 아니라 직간접적으로 그들에게 공감하는 모든 사람을 부끄럽게 했다. 물론 그들이 부끄러워할 줄 안다면 말이다."

스테인스는 남편의 유지를 이어 오리사 주 동부, 먼지 날리고 교통체증이 심한 바리파다에서 나병 환자 요양소를 계속 운영하기로 했다. 그녀는 사람들에게 계속해서 '복음'을 전할 것이다. 때로는 이해하기 어려울지라도, 모든 일에는 공평하시며 공의로우신 하나님의 뜻이 반드시 존재하기 때문이라고 그녀는 말했다.

요즘도 스테인스는 하나님이 아이들과 남편을 데려가신 이유를 생각하곤 한다. 그러면 온갖 의문과 주체할 수 없는 생각이 들고 일어난다. '죽인 다음에 불을 질렀을까?' '난 지금 화가 난 걸까, 아닐까?' 그럴 때는 답을 찾으려고 하는 대신 생각을 안 하려고 한다. "저에게 묻곤 합니다. 내 가족이 어떻게 죽임을 당했는지에만 너무 골몰하는 건 아닐까, 하고요. 생각을 많이 하지 않으려고 애쓰고 있습니다. 가끔은 슬픔에 짓눌리기도 합니다. 가족이 없잖아요. 아이들과 놀 수도 없습니다. 매일 아침, 성경과 기도문을 읽으며 하루를 시작합니다. 전에는 잠들기 전에 남편과 이야기를 나눴는데, 지금은 하나님과 이야기합니다. 마음을 모두 쏟아놓으면, 앞으로 나아갈 힘과 지혜를 주십니다."

남편과 아들을 살해한 사람들에 대해서는 이렇게 말했다. "그 사람들이 한 일은 용서할 수 있습니다. 하지만 그들의 죄는 용서할 수 없습니다. 그건 예수님만이 하실 수 있죠. 그들은 예수님께 용서를 구해야 합니다."

많은 사람이 참석한 장례식이 끝나고 스테인스와 열세 살 된 딸 에스더는 사람들과 함께 묘지로 향했다. 그리고 그곳에서 가족이 즐겨 부르던 찬송을 불렀다. "그분이 살아 계시기에 내일을 맞을 수 있습니다. 그분이 살아 계시기에 모든 두려움이 사라집니다."

글래디스 스테인스가 범인들을 용서한 이유를 이해하지 못하는 사람이 많지만, 그렇다고 이런 일이 아주 드문 것만은 아니다. 역사 속에서 박해를 받은 수많은 사람이 그렇게 이해하기 어려운 용서를 해왔다. 초대 기독교인부터 종교개혁 당시 급진적 개혁을 따른 아나뱁티스트, 그리고 톨스토이와 간디, 마틴 루터 킹을 따르는 우리 시대 사람들도 그렇게 했다. 마틴 루터 킹이 쓴 《사랑할 힘Strength to Love》의 한 구절은 이를 잘 보여준다.

예수님의 가르침 중에 원수를 사랑하라는 명령만큼 따르기 어려운 것도 없을 것이다. 그런 권면을 실천하는 건 사실상 불가능하다고 믿는 사람들도 있다. 그들은 우리를 사랑하는 사람을 사랑하는 건 쉽지만, 대놓고 우리를 쓰러뜨리려고 궁리하는 사람을 어떻게 사랑할 수 있느냐고 묻는다.

원수를 사랑하라는 명령은 유토피아를 꿈꾸는 몽상가의 비현실적인 명령이 아니다. 인류의 생존을 위해 절대적으로 필요한 명령이다. 원수까지 사랑하는 것은 우리 세계가 직면한 문제를 풀어줄 열쇠다. 예수님은 비현실적인 이상주의자가 아니라 현실적인 현실주의자이시다.

미움을 미움으로 갚으면 미움만 늘어날 뿐이고, 별이 사라진 밤을 더 어둡게 만든다. 어둠을 몰아낼 수는 있는 것은 어둠이 아니다. 빛만이 어둠을 몰아낼 수 있다. 미움을 몰아낼 수 있는 것은 미움이 아니다. 사랑만이 미움을 몰아낼 수 있다. 끝없이 나락으로 떨어지는 파멸의 소용돌이처럼 미움은 미움을 더하고, 폭력은 폭력을 더하고, 완강함은 완강함을 더한다.

원수를 친구로 바꿀 수 있는 능력은 사랑에만 있다. 미움에 미움으로 맞선다고 적을 없앨 수 있을까? 그렇지 않다. 적대감을 없애야 적이 사라진다. 미움의 본성은 파괴와 분리다. 그러나 사랑의 본성은 창조와 건설이다. 구원의 능력으로 사랑은 결국 변화를 이뤄낸다.

마틴 루터 킹의 정치적 무기였던 사랑은 그의 신앙에서 자랐으나, 그의 사고에는 분명히 실용주의가 깔려 있다. 그는 자신을 비롯해 흑인 민권 운동에 참여한 모든 사람이 앞으로 수십 년간 반대자들과 함께 살아야 한다는 사실을 알고 있었다. 상대편의 거친 태도에 적개심을 품으면 이는 폭력으로 이어질 것이고, 억압과 적개심의 악순환이 계속될 것이 불 보듯 뻔했다. 그러면 인종 사이에 놓인 증오의 벽을 허물기는커녕 더 높이 쌓게 된다. 마틴 루터 킹은 박해자를 용서해야만 미국 흑인들이 '끝없이 나락으로 떨어지는 파멸의 소용돌이'에서 벗어날 수 있다고 말했다. 오직 용서만이 지속적인 변화를 이뤄낼 수 있다고 본 것이다.

용서하는 힘을 계발하고 유지해야 한다. 용서할 줄 모르는 사람은 사랑할 줄도 모른다. 우리에게 악을 행하고 상처 입힌 사람을 용서할 필요가 있다는 사실을 인정하지 않고 원수에 대한 사랑을 운운하는 것은 말이 되지 않는다.

용서는 언제나 피해를 입은 사람, 큰 사건의 피해자, 고문과 같이 부당한 일을 당한 사람, 박해받은 희생자가 먼저 시작해야 한다는 사실을 인정해야 한다. 물론 잘못을 저지른 사람이 용서를 구할 수도 있다. 자신의 잘못을 깨닫고 돌아온 탕자처럼 떨리는 마음으로 용서를 간절히 바라며 먼지 나는 거리를 걸어올 수도 있다. 그러나 용서라는 따뜻한 마음을 진심으로 쏟아부을 수 있는 사람은 피해를 입은 이웃, 집에서 기다리는 아버지뿐이다.

용서는 그가 저지른 일을 못 본 척하거나 악한 행동에 가짜 딱지를 붙이는 것이 아니다. 그가 저지른 악한 행동이 더 이상은 관계를 가로막는 걸림돌이 아니라는 의미다. 용서는 새롭게 출발하는 데 필요한 분위기를 조성하는 기폭제다.

가장 완강하게 맞서는 반대자들에게 우리는 이렇게 말할 것이다. "우리에게 고통을 안기는 당신의 능력에 고통을 견디는 능력으로 답하겠습니다. 당신의 무력에 고결한 정신으로 맞서겠습니다. 원하는 대로 하세요. 그래도 우리는 계속 당신을 사랑하겠습니다.

우리의 양심으로는 당신들의 불의한 법에 순종할 수 없습니다. 악에 협조하지 않는 것은 선에 협력하는 것만큼이나 중요한 의무이기 때문입니다. 우리를 감옥에 가두세요. 그래도 여전히 당신들을 사랑하겠습니다. 한밤중에 두건 쓴 폭력배를 보내 우리를 반쯤 죽도록 패십시오. 그래도 여전히 당신들을 사랑하겠습니다. 하지만 이것만은 기억하십시오. 우리는 고통을 감내하는 능력으로 당신들을 지치게 할 겁니다.

결국 언젠가 우리는 자유를, 우리만을 위한 자유가 아니라 모두를 위한 자유를 쟁취할 것입니다. 당신들의 마음과 양심에 외치는 이 호소는 결국 당신들의 마음을 움직일 것이고, 그것은 갑절의 승리가 될 것입니다."

1965년, 앨라배마 주 매리언에서 마틴 루터 킹과 함께 행진하면서 나는 사랑과 겸손으로 불의에 맞서는 그의 자세를 직접 목격했다. 나는 뉴욕에서 앨라배마로 가서 터스키기 대학을 방문하던 중에 지미 리 잭슨이라는 청년의 부고를 접했다. 매리언에 있는 한 교회에서 행진이 있기 8일 전에 벌어진 일이었다. 앨라배마 주 경찰관들이 매리언에 집결해 거리로 나온 시위자들을 곤봉으로 때렸다.

목격자들은 그날의 현장을 아수라장으로 표현했다. 경찰들이 곤봉으로 흑인 남녀를 난폭하게 공격하는 동안 구경하던 백인들이 카메라를 박살내고 가로등을 망가뜨렸다. 교회 계단에 무릎을 꿇고 기도하다가 봉변을 당한 사람도 있었다.

어머니를 무자비하게 때리는 주 경찰관에게 달려든 것이 지미 리 잭슨의 죄였다. 그 대가로 지미는 복부에 총을 맞고 죽기 직전까지 곤봉으로 머리를 얻어맞았다. 지역 병원은 지미를 치료하길 거부했고, 이에 사람들은 그를 셀마에 있는 병원으로 옮겼다. 그곳에서 지미는 기자들에게 자신이 겪은 일을 증언하고 며칠 뒤 숨을 거두었다.

소식을 들은 우리 일행은 바로 셀마로 차를 돌려 지미의 시신이 있는 브라운 채플에 도착했다. 장의사가 지미가 입은 상처를 가리려고 최선을 다했지만 머리까지 가리지는 못했다. 머리에는 잔인하게 얻어맞아 생긴 너비 2-3센티미터, 길이 3-7센티미터의 상처가 세 군데나 보였다.

충격으로 온몸이 떨렸다. 약 3,000명의 사람들이 추모 예배에 참석하기 위해 교회를 가득 채웠다. 우리는 창가에 걸터앉았다. 건물 밖에도 많은 사람이 서 있었다. 그러나 추모 예배가 진행되는 동안 증오나 복수를 다짐하는 소리는 들리지 않았다. 추모식에 참석한 회중에게서 용기가 뿜어져 나왔다. 특히 〈누구도 나의 세상을 바꿔주진 않아요〉라는 노래를 부를 때는 더욱 그러했다.

나중에 매리언에서 열린 두 번째 추모 집회는 분위기가 현저히 가라앉아 있었다. 맞은편에 있는 법원 옥상에서 주 경찰관들이야광 곤봉을 들고 줄지어 서서 우리를 지켜보았다. 며칠 전 흑인들을 공격했던 경찰들이었다. 근처 시청에 모여 있는 백인들 역시 만만치 않게 위협적이었다. 망원경과 카메라로 우리를 주시하고 기록하는 탓에 모든 행동을 감시당하는 기분이었다.

장례식에서 마틴 루터 킹은 용서와 사랑에 대해 이야기했다. 사람들에게 경찰을 위해 기도하라고 했다. 살인자들을 용서하고 박해하는 사람들을 용서하라고 호소했다. 우리는 손에 손을 잡고 〈우리 승리하리라〉를 함께 불렀다. 잊을 수 없는 순간이었다. 증오하고 복수할 이유가 있는 사람이 있다면, 바로 이 사람들일 것이다. 그러나 그 누구도, 심지어 지미의 부모조차도 그런 생각을 하지 않았다.

이런 일을 겪으면서 나는 박해자를 무장 해제시키는 것은 복수가 아니라 용서임을 확신하게 되었다. 나를 포함한 많은 젊은 이가 마틴 루터 킹과 미국 흑인들이 '적'을 포용하는 모습에 감화를 받았다. 그중에는 당시 미국에서 유학 중이던 서광선 이화여대 명예교수도 있다. 서광선 교수의 아버지 서용문 목사는 한국전쟁이 일어난 1950년에 평양에서 인민군에 끌려간 뒤 소식이 끊겼다. 그리고 4개월 만에 평양 대동강 변 갈대밭에서 주검으로 발견되었다. 온몸에 총 자국이 선명했다. 당시 열아홉 살이었던 서광선은 "이 철천지원수를 기어코 갚고야 말겠다"며 울부짖었지만, 결국 용서를 택했다. 다음은 〈한겨레〉와의 인터뷰에서 서광선 교수가 한 말이다.

아버지를 잘 아는 분들로부터 배신자라는 소리도 듣는다. 뉴욕 유니언 신학대의 경험이 컸다. 당시 마틴 루터 킹 목사의 민권운동에 유니언 신학대생들이 대거 참여했다. 백인 학생들과 흑인 교회에 가 함께 봉사하면서 아버지의 원수를 갚는다는 것은 상대를 죽이는 게 아니라, 이처럼 다양성을 인정하고 서로 존중하고 평화로워지는 것이라고 생각했다. 좀 더 자유로운 사고를 하는 학풍과 공부를 통해 예수의 정신인 사랑과 정의를 이 세상에 구현하기 위해선 '내 역사의 감옥'으로부터 나와 자유로워져야 한다는 것을 깨달았다.

세계교회협의회wcc의 주도로 1986년 제네바에서 남북한과 독일, 미국, 러시아 교회 지도자들이 함께 회의를 했다. 그때 김일성의 스승이자 외당숙 뻘인 강양욱 목사의 아들인 강영섭 목사가 왔다. 그런데 강영섭 목사가 내게 통역을 해달라고 했다. 그때는 시절이 시절이니만큼 이적 행위로 귀국하자마자 잡혀갈 수 있는 일이었다. 더구나 아버지를 죽인 자들의 편에 선 강양욱 목사의 아들이 아닌가. 그들과 한 테이블에 앉는다는 것 자체도 아버지에게 미안했다. 그날 밤을 새워 기도했다. 기도를 통해 아버지와 이야기를 했다. 그리고 다음 날 강영섭의 통역을 해줬다.[1]

서광선 교수는 잔인한 방법으로 아버지의 목숨을 앗아간 이들과 맞서 싸우는 대신 남북이 평화적 공생을 이루는 길을 평생 모색했다. 군사 정권 시절에는 인권을 위해 목소리를 냈고, 10년 전에는 평양을 방문해 교회에서 설교하기도 했다. 현재는 남북평화재단 이사장으로 일하며 남북한의 평화적 공존을 위해 교육, 지원, 교류 사업을 하고 있다.

어린아이들은 오히려 이러한 용서를 쉽게 받아들이고 그만큼 쉽게 베푼다. 흑인 민권 운동이 활발하던 앨라배마 주 셀마에서 1965년에 일어난 일이다. 지역 학생들이 준비한 방과 후 평화 행진이 막 시작하려던 찰나 악명 높은 클라크 보안관이 도착했다. 순식간에 클라크의 부하들이 아이들을 밀치기 시작했고 아이들은 그들에게 떠밀려 어딘가로 향했다. 처음에는 경찰들이 자기들을 구치소로 몰고 간다고 생각했다. 그러나 진압대가 아이들을 몰고 간 곳은 도심에서 5킬로미터 떨어진 감옥이었다. 그들은 아이들이 구역질을 하며 속에 있는 것을 게워낼 때까지 쉬지 않고 몰아붙였다. 셀마의 '행진 열기'를 완전히 식히겠다고 공언하기도 했다.

이 일이 있고 며칠 뒤 클라크 보안관이 심장 통증으로 병원에 입원했다. 그러자 믿기 어려운 일이 벌어졌다. 셀마의 어린 학생들이 두 번째 행진을 계획한 것이다. 이번에는 법원 건물 앞에 모여 '빨리 회복하세요'라는 푯말을 들고 클라크의 쾌유를 기원하는 기도를 했다.

1960년, 유명한 아동 정신과 의사 로버트 콜스도 뉴올리언스에 있는 한 병원에서 일하는 동안 아이들의 놀라운 용서를 목격한 바 있다. 당시 그 지역 백인 부모들은 학교에서 인종차별을 없앤 연방 법원의 결정에 노골적으로 반대했다. 흑인 학생을 입학시킨 학교에는 자녀를 보내지 않았을 뿐 아니라 학교 앞에서 푯말을 들고 항의 시위를 했다.

여섯 살 루비 브리지스가 다니는 학교에는 흑인이 루비뿐이었다. 루비는 몇 주간 연방 경찰관들의 보호를 받으며 학교에 갔다. 어느 날, 자기에게 욕설을 퍼붓는 백인 학부모들 앞을 지나면서 루비가 뭐라고 중얼거리는 모습을 교사가 목격했다. 교사에게 보고를 받은 콜스 박사가 궁금해서 물었다. "뭐라고 한 거니?"

루비의 입에서는 뜻밖의 말이 나왔다. 루비는 반 친구들의 부모님들을 위해 기도했다고 했다. 당황한 콜스가 물었다. "왜?" "그분들에게 기도가 필요하니까요." 교회에서 예수님이 십자가에서 "아버지 저들을 사하여주옵소서. 자기들이 하는 것을 알지 못함이니이다"(눅 23:34)라고 말씀하셨다는 이야기를 듣고, 그 말을 가슴에 담아두었던 것이다.

얼마 전, 로마 트라피스트 수도회의 제임스 크리스텐슨 원장에게 놀라운 이야기를 전해 들었다. 자기를 박해한 사람들을 용서하되 그들이 자기를 박해하기 전에 이미 용서한 사람에 관한 이야기였다. 1996년 5월, 알제리에서 활동하는 무장 이슬람 집단 GIA가 제임스 원장의 동료 수도사 7명을 아틀라스 산맥에서 납치했다. 납치범들은 프랑스 정부가 자기 동료들을 석방할 때까지 인질을 풀어주지 않겠다고 했다. 그리고 몇 주가 지나도 프랑스 정부에서 자신들의 요구를 들어주지 않자 수도사들을 참수했다.

이 일로 프랑스 사회는 충격에 빠졌고 가톨릭교회에서는 희생된 수도사들을 추모하기 위해 일시에 조종弔鐘을 울렸다. 그런데 이미 2년 전에 이 사건의 전조가 있었음이 뒤늦게 밝혀졌다. 알제리 트라피스트 수도회의 크리스티앙 드 셰르제는 자신이 곧 무참히 죽임을 당할 것이라는 이상한 예감이 들었다. 이에 그는 '장차' 자신을 죽일 사람들을 용서한다는 편지를 써서 밀봉하여 프랑스에 사는 어머니에게 맡겼다. 인질 살해 사건이 있고 나서 개봉한 편지에는 이렇게 쓰여 있었다.

만약 언젠가, 아니 오늘이라도 제가 알제리에 사는 외국인을 위협하는 테러의 희생자가 된다면, 공동체와 교회와 가족은 '저의 생명이 이미 하나님과 알제리에 바쳐졌다'는 점을 기억하길 바랍니다. 모든 생명의 유일한 주인이신 그분은 이 잔인한 이별에 대해 알고 계셨다는 사실 또한 기억하길 바랍니다.

그날이 오면 저는 마음을 비우고 하나님과 사람들에게 용서를 구하겠습니다. 동시에 장차 저를 쓰러뜨릴 그 사람을 진심으로 용서하겠습니다.

만약 제가 사랑하는 알제리 사람들에게 살인자라는 비난이 무차별적으로 쏟아진다면, 제가 어떻게 기뻐할 수 있겠습니까? 저의 죽음이 그렇게 쓰이길 바라지 않습니다. 이것은 저에게 매우 중요합니다.

저를 두고 순진하다거나 이상주의적이라고 생각하는 경솔한 사람들은 저의 죽음을 보고 자기들의 판단이 맞았다고 확신할 겁니다. "자, 이제 뭐라고 하는지 들어보자!"라고 하겠지요. 하지만 그 사람들이 알아야 할 것이 있습니다. 그렇게 죽을 수 있는 것을 제가 도리어 하나님께 감사한다는 사실입니다. 이 말은 앞으로 제게 일어날 모든 일에 감사한다는 뜻입니다. 저의 마지막을 함께할 친구, 자신이 무슨 일을 하는지도 모를 당신도 여기에 포함됩니다. 당신을 하나님께 맡깁니다. 그분의 얼굴에서 당신의 얼굴을 봅니다. 우리의 아버지이신 하나님이 허락하신

다면, 언젠가 낙원에서 '선한 강도'가 된 당신을 다시 만나기를 바랍니다.

크리스티앙은 대체 어떤 사람이었을까? 어떻게 그토록 깊은 평안과 용서에 대한 확신을 갖게 되었을까?

《티비리느의 수사들*The Monks of Tibhirine*》이라는 책을 보면, 이 모든 일은 1959년에 크리스티앙이 프랑스 평화유지군과 함께 알제리에 파견되었을 때 시작되었다. 크리스티앙은 그곳에서 알게 된 모하메드라는 무슬림 경찰관과 매주 산책을 하며 정치, 문화, 신학을 주제로 토론했다. 알제리가 프랑스의 식민지였을 때 이주한 기독교인들과 토착민인 무슬림의 관계를 두고 두 사람은 열띤 토론을 벌였다. 그러던 어느 날 산책을 하던 두 사람을 알제리 반군이 막아섰다. 군복을 입고 있던 크리스티앙은 모든 게 끝났다고 생각했다. 그때 모하메드가 친구인 크리스티앙을 보호하며 반군들에게 그를 놔주라고 했다. "그는 경건한 사람일세." 놀랍게도 반군은 두 사람을 그대로 보내주었다. 하지만 용기 있는 모하메드의 행동에는 대가가 따랐다. 다음 날, 그는 길에서 살해된 채 발견되었다.

크리스티앙은 며칠간 충격에서 헤어나지 못했고, 이 사건은 그의 인생을 송두리째 바꿔놓았다. 크리스티앙은 '하나님의 평화'라는 숭고한 목적을 이루는 데 자신을 바치기로 결심했다. 복무

기간이 끝나 프랑스에 돌아간 뒤에는 트라피스트 수도회에 들어 갔다. 그리고 공부를 마치고 사제 서품을 받을 즈음 알제리로 파견해달라고 요청했다. 수도회에서는 그 요청을 받아들였고, 아프리카로 돌아간 크리스티앙은 아틀라스 산맥에 있는 농촌 지역의 주임 사제가 되었다.

수도원장이 된 크리스티앙은 프랑스 고위 사제들의 눈에도 특이하고 어리석어 보이는 결정을 내렸다. 그는 무조건 전도를 하는 대신 지역민에게 일자리와 의료 서비스, 문맹 퇴치, 프랑스어 교육을 제공했다. 매년 종교 간 대화를 주선해서 무슬림과 기독교인 사이에 대화의 장도 마련했다. 그뿐 아니라 노트르담 드 아틀라스 수도원에 무슬림들을 초대하기도 했다. 무슬림과 기독교인이 하나님 또는 알라의 보호 아래 함께 살 수 있다는 사실을 보여주고 싶었던 것이다. "그 사실을 증명하는 유일한 길은 매일 평범한 일상과 실생활에서 삶으로 보여주는 것뿐"이라고 그는 말했다.

그러나 시간이 지날수록 크리스티앙의 노력과는 상관없이, 아니 어쩌면 그러한 노력 때문에, GIA는 트라피스트 수도회를 거추장스러운 존재로 여기고 미워했다. 그리고 결국에는 수도사들을 납치해서 인질로 삼았다가 죽였다.

크리스티앙과 동료 수도사들의 죽음을 이슬람의 추악함을 입증하는 증거로 여기는 사람들이 많다. 그러나 크리스티앙에게 이 죽음은 평화를 일구는 사람이 마땅히 치러야 할 대가였다. 나에게는 그의 죽음이 용서라는 치유의 메시지를 온 세상에 퍼뜨리라는 외침으로 들렸다. 이라크와 아프가니스탄, 알제리 등지에서 벌어지고 있는 '기독교 서구 사회'와 '이슬람 국가' 사이의 무력 충돌에 기꺼이 목숨을 바치는 사람이 많은 지금, 평화를 위해 목숨을 바칠 사람들은 대체 어디에 있는가? 크리스티앙이 바로 그런 사람 중 하나였다. 그는 작별 편지에 이렇게 썼다.

이슬람의 특정 이데올로기가 부추기는 이미지가 있고, 그 때문에 사람들이 이슬람을 혐오스러운 종교로 간주하는 것을 저도 압니다. 하지만 기억할 것이 있습니다. 결국 우리는 이슬람 자녀들을 그분의 눈으로 보게 될 거라는 사실 말입니다. 서로의 차이 속에서도 공통의 인간애가 피어나는 것을 보고 조용히 기뻐하시는 그분의 눈으로 말입니다.

용서와 정의

사랑이 없는 진리는 형제를 죽이고, 진리가 없는 사랑은 거짓을 말한다.

에버하르트 아놀드

이스라엘에 사는 데이비드는 앞에서 소개한 헬라나 요제프와 비슷한 어려움을 겪었다. 하지만 그가 문제를 바라보는 시각은 조금 달랐다. 데이비드의 이야기는 사람들이 수 세대에 걸쳐 고민하고 씨름했던 질문을 다시 던진다. "용서에는 한계가 없는 것인가?"

저는 1929년 독일 카셀에서 태어났습니다. 1929년은 주식시장 붕괴와 경기 침체로 유럽에 위기가 닥치고, 독일에서는 나치에 집권의 길을 열어준 운명적인 해였죠. 아버지는 언론인이고 어머니는 교육자였습니다. 가정은 부유했고 파시즘이라는 먹구름이 짙어지기 전까지 아주 행복했습니다.

독일에 사는 여느 유대인처럼 아버지도 처음에는 나치를 크게 신경 쓰지 않았습니다. 견실하고 교양 있는 독일인들이 그렇게 터무니없는 일에 빠질 거라고 어떻게 상상이나 했겠습니까? 그러나 히틀러는 결국 수상이 되었고, 부모님의 친구들은 우리에게 독일을 떠나라고 충고했습니다.

그래서 아버지는 사랑하는 고향을 떠나야 했습니다. 태어나 줄곧 그곳에서 자랐고 1차 세계대전에 참전하며 지켰던 독일을 말입니다. 아버지가 독일을 떠나고 얼마 안 되어, 어머니와 저도 간단한 짐만 꾸려 뒤를 따랐습니다. 프랑스 국경을 넘어 스트라스부르에서 아버지를 다시 만났죠. 그렇게 익숙했던 평범한 일상을 포기하고 집 잃은 떠돌이가 되어 국적도 권리도 없이 떠돌기 시작했습니다.

호기심이 많은 세 살짜리 꼬마였던 제게는 신나는 시간이었습니다. 새로운 관습과 언어를 금세 익혔고 곧 새 친구도 생겼습니다. 하지만 일 년 뒤에 우리는 스트라스부르를 떠나야 했습니다. 국경 지대인 그곳에서는 독일 출신 망명자인 우리를 위험인물로 여겼기 때문입니다. 우리는 프랑스 북동부에 있는 보주라는 곳으로 거처를 옮겼고, 그곳에 다시 적응해나갔습니다. 부모님은 새로운 업무와 언어를 배워야 했습니다. 안락했던 예전과는 전혀 다른 생활방식에 적응하기 위해, 아니 열악한 환경에서 살아남기 위해서였습니다.

일 년 뒤 어머니가 일하시던 공장에 불이 나는 바람에 우리는 다시 거처를 옮겨야 했습니다. 이번에는 마르세유였습니다. 부모님이 안간힘을 쓰신 덕에 겨우 위태로운 살림을 이어갈 수 있었습니다. 이곳저곳으로 이사를 다니느라 번번이 새로운 학교에 적응하고 친구를 새로 사귀어야 했습니다. 사실, 제대로 친구를 사귄 적이 한 번도 없었습니다.

2차 세계대전이 터지면서 모든 것이 산산조각 났습니다. 저는 다시 이방인이 되었습니다. 프랑스마저 독일에 점령당했고 게슈타포의 체포 작전이 시작되었습니다. 부모님은 집과 가게를 몰수당했습니다. 그러나 프랑스인 친구들 덕분에 간신히 몸을 숨길 수 있었습니다.

결국 부모님은 피레네 산맥을 넘어 스페인으로 피신하는 것밖에는 살길이 없다는 결론을 내렸습니다. 사흘 내내 눈 덮인 산을 걷다가 스페인 국경 경비대와 마주쳤지만 운이 좋았습니다. 불법으로 스페인 국경을 넘은 만 명 가까운 유대인에게 그랬듯이 그들은 우리를 그냥 보내주었습니다. 만약 그때 프랑스로 송환되었다면, 죽음을 피할 수 없었을 겁니다.

스페인 북동부에 있는 헤로나 지역 경찰서에서 우리 가족은 뿔뿔이 흩어졌습니다. 아버지는 미란다데에브로에 있는 수용소로 이송되었고 어머니는 인근 감옥에 갇혔습니다. 저는 홀로 남겨졌습니다. 그날 밤은 저의 생애에서 가장 끔찍한 순간이었습니다. 차가운 유치장에서 다시는 부모님을 못 볼지도 모른다는 생각에 빠졌습니다. 다음 날, 헤로나에 있는 고아원으로 보내졌지만 나아진 건 아무것도 없었습니다. 그곳에서 열세 살 생일을 맞았습니다. 유대교의 회중으로 받아들여지는 나이였죠. 하지만 바르 미츠바 같은 유대교 성인식은 기대할 수 없었습니다.

몇 달 뒤 저는 어머니가 있는 감옥으로 보내졌고 우리는 마드리드의 감옥으로 이감되었습니다. 마침내 모든 가족이 다시 만나서 유대인합동복지위원회의 도움을 받아 팔레스타인으로 향했습니다.

독일인이 우리 가족과 유대인에게 크나큰 상처를 안겨주었지만, 저는 여전히 부모님에게 물려받은 독일의 역사와 문화를 사랑합니다. 그래서 괜찮은 독일인들과 관계를 다시 이으려고 애썼습니다. 하지만 저는 나치와 그들의 협력자에게 고문을 받고 몰살당한 600만 명의 유대인을 여전히 잊지 못합니다. 그중에는 150만 명의 아이들도 포함되어 있습니다.

만약 맹목적인 증오와 복수심을 거두는 것이 용서라면, 그건 할 수 있습니다. 옆에서 무기력하게 서 있던 사람들, 감히 반대의 목소리를 내지 못했던 사람들을 용서합니다. 나치가 조성한 공포 분위기 속에서 권력에 맞서 반기를 드는 데는 큰 용기가 필요하다는 걸 저도 잘 압니다. 하지만 인류의 기억에 영원히 남을 만행을 저지른 괴물들에 대해서는 어떻게 해야 할까요?

히틀러와 그의 앞잡이들, 나치 친위대 사령관과 군인들, 죽음의 수용소를 지키던 간수들, 게슈타포 대원들을 어떻게 용서할 수 있을까요? 사람들을 굶겨 죽이고, 기관총으로 쏴서 죽이고, 수백 수천의 무기력한 남자와 여자, 아이들을 가스실에 밀어 넣은 고문자들과 살인자들을 용서하는 게 정말 가능할까요? 용서에 한계는 없는 건가요?

데이비드의 이런 의문이 자기 민족을 몰살한 사람들에 대한 원한에서 비롯된 것은 아니라고 생각한다. 그들을 용서하는 것이 본인의 의도와 상관없이 그들에게 면죄부를 주는 꼴이 될까 봐 두려운 것이리라. 다시는 비슷한 학살이 일어나지 않도록 온 힘을 다하는 사람이 가해자들의 잘못과 책임을 덮어줄 수는 없으니 말이다.

또한, 그렇게 해서도 안 된다. 히틀러 같은 사람에게 누가 면죄부를 줄 수 있겠는가? 용서는 책임을 면제해주는 행위도 아니고 어떤 사람의 행동이 도덕적인지 아닌지를 판단하는 것도 아니다.

홀로코스트의 참상이 세상에 알려졌을 때, C. S. 루이스는 1947년에 쓴 글에서 '용서와 변명은 천지 차이'라고 했다. 사람들은 대부분 잘못을 저질렀을 때 책임을 지기 싫어서 변명하기 마련이다. 유대인 학살에 가담했던 사람들은 나치가 몰락하자 용서를 구하는 대신 자신은 그저 명령을 따랐을 뿐이라고 주장했다. 어쩔 수 없는 상황이었고 따라서 자신에게는 아무 잘못이 없음을 알아주길 바라는 마음으로 한 말이다. 그러나 C. S. 루이스는 이렇게 썼다. "어떤 사람에게 잘못이 없다면, 용서할 것도 없다. 그런 의미에서 용서와 변명은 정반대나 다름없다."

진정한 용서는 죄를 차분하게 바라보는 것을 의미한다. 어떠한 변명도 하지 않고 자기가 한 일을 인정하고, 죄의 참상과 비열함, 야비함과 악의를 모두 직시한 다음에, 그럼에도 불구하고 그 죄를 저지른 사람과 완전히 화해하는 것이다. 이것이, 오직 이것만이 용서다.

로스앤젤레스 경찰서에서 한 청년이 보안관에게 두들겨 맞는 걸 목격한 로베르토 로드리게즈는 그 장면을 사진으로 찍으려고 했다. 그러자 곤봉을 휘두르던 보안관들이 로베르토를 공격하기 시작했다. 그 일로 로베르토는 두개골이 함몰되어 병원에 입원했을 뿐 아니라 경찰관 살인 미수 죄로 감옥에 갇히기까지 했다. 정작 맞아 죽을 뻔한 사람은 로베르토인데 말이다.

지금은 유명한 칼럼니스트가 된 로베르토는 당시 7년에 걸친 법정 공방으로 결국 무죄 판결을 받아냈고 연방 민권 소송에서도 승리했다. 하지만 그와 동시에 반체제 인사로 낙인찍히고 말았다.

경찰서 의자에 수갑이 채워진 상태로 앉아 있었습니다. 목에는
제 사진을 걸고 있었는데, 사진 밑에 제가 경찰과 벌인 법적 투
쟁이 상세히 적혀 있었고요. 지나가는 경찰관들이 저를 보고 '저
얼굴을 똑똑히 기억해두라'는 말을 주고받더군요. 그냥 하는 말
이 아니었습니다. 그 뒤 몇 년간 경찰관들에게 시달렸고 체포된
것만도 60번에 달하니까요.

용서할 생각이 있느냐고 묻자, 로베르토가 질문을 쏟아냈다.

용서라고 하셨어요? 저를 때리고, 한밤중에 죽일 듯이 달려들던
경찰들을 용서하라고요? 정당한 이유 없이 체포하고 끊임없이
감시하며 쫓아다니던 그자들을 용서하라고요? 저를 기소한 지
방 검사와 구속하려고 애쓰던 기소 검사를 용서하라는 말입니
까? 도와달라고 애원했을 때 제 근처에는 오려고 하지도 않았던
정치인들, 저를 범죄자로 묘사한 기자들을 용서하라고요? 제 담
당 변호사는 어떻고요? 재판 이틀 전에 저를 버린 변호사를 용
서하라고요?
　마음에 증오를 품고 있는 한 온전한 인간이 될 수 없다는 거
잘 압니다. 분노가 이글거리는 원한에 찬 마음으로 어떻게 온전

한 인간이 되겠습니까. 분노와 원한과 같은 감정은 결국 우리의 삶을 결정하지요. 특히 짐승 취급을 당하고 인간 이하의 대접을 받은 사람은 자신을 무너뜨리는 이런 감정에서 벗어나야만 치유를 경험할 수 있습니다. 그러려면 공허한 마음을 채울 다른 무엇을 찾아야 합니다. 온전한 인간으로 사는 것이 무엇인지 찾아야 하는 거죠.

저는 1998년 제 생일에 그것을 찾기 시작했습니다. 그날 30년 만에 처음으로 노래를 불렀고, 몇 달 후에는 그림을 그리기 시작했고, 그다음에는 소설을 썼습니다. 마침내 인간성을 회복하기 시작했다고 할까요.

트라우마에서 완전히 회복된 건 아니지만, 이제는 미소 짓고, 소리 내서 웃고, 삶을 다시 사랑할 수 있게 되었습니다. 다른 사람에게 웃음과 미소를 안겨줄 수 있게 되었습니다. 요양원과 양로원에서 노래하곤 합니다. 쉬지 않고 정의를 쫓은 끝에, 기도와 묵상을 통해 여기까지 온 겁니다.

매년 수천 명에 달하는 유색 인종이 부당한 대우를 받고 괴로워하지만, 모두가 로베르토처럼 정의를 경험할 만큼 운이 좋은 것은 아니다. 사실, 대개는 정의가 이뤄지는 것을 보지 못한다. 그런데도 박해자들을 용서해야 하는 걸까? 로베르토는 자기뿐 아니라 모두를 위해 꼭 그래야 한다고 말한다.

이런 학대 행위가 매해 그치지 않기 때문에 미국 거리에 반감이 넘치는 겁니다. 비인간적인 대우를 받았거나 억울하게 감옥에 갇힌 사람들의 경우에는 특히 더하지요. 어떤 사람은 반쯤 죽은 것처럼 무기력해지고, 어떤 사람은 증오에 가득 차서 언제 터질지 모르는 걸어 다니는 시한폭탄이 됩니다. 그러다 정말 폭발하기도 하죠. 1992년, 로드니 킹 사건 판결이 나온 직후에 터진 로스앤젤레스 폭동을 보십시오. 그러나 애통하게도 대신 복수를 해주겠다고 거리로 나선 사람들이 저지르는 폭력 행위로 정작 상처를 입는 이들은 억울한 일을 당한 당사자의 가족과 친구와 이웃입니다.

문제는 이 모든 일이 개인의 비극이 아니라 사회의 비극이라는 겁니다. 걷잡을 수 없는 질병과도 같지요. 치유는 말할 것도 없고, 용서 역시 사치스러운 꿈에 불과합니다. 하지만 거대한 사회적 불의가 존재한다고 해도, 인간 이하의 취급을 받은 사람이 먼저 용서해야 합니다. 사과를 기다리지 말고 자기 자신을 치유하는 길로 나아가야 합니다. 용서에 꼭 사과가 필요한 건 아니니까요.

그렇다고 아무 일 없었다는 듯 팔짱을 끼고 유쾌하게 집에 돌아가서 끊이지 않는 사회적 불의를 잊어버리자는 말이 아닙니다. 분노나 증오, 앙심을 품지 않고도 자신이 빼앗긴 인간의 품위와 권리를 되찾는 투쟁을 할 수 있다는 말입니다.

좀 더 구체적으로 말하면, 자신을 짐승 취급한 사람을 용서하는 행위는 사실 용서하는 사람으로 하여금 인간성을 회복할 수 있도록 돕습니다. 하지만 그게 전부가 아닙니다. 다른 사람을 고문하거나 살해하는 등 폭력을 휘두른 사람이 비슷한 범죄를 다시 저지르지 않도록 도우려면 용서 이상의 것이 필요하다는 교훈을 우리는 배웠습니다. 그들에게는 치료가 필요합니다. 자기 안에 있는 악마를 몰아내지 않는 한, 가해자는 절대 진정한 평화를 찾을 수 없습니다.

술에 취한 운전자에게 아들 마이클을 잃은 루이지애나의 사업가 빌 채드윅은 '정의가 실현되길' 바랐다. 하지만 그 역시 로베르토처럼 정의만으로는 자신이 갈망하는 '끝'이 찾아오지 않는다는 사실을 깨달았다.

마이클은 1993년 10월 23일에 친구들과 차를 타고 가다 자동차 사고로 숨졌습니다. 뒷자리에 앉아 있던 가장 친한 친구도 이 사고로 숨졌습니다. 만취 상태에서 과속으로 달린 운전자는 작은 상처만 입었고, 교통사고로 두 명을 죽게 한 혐의로 기소되었습니다. 마이클의 위장에서는 알코올 성분이 조금 나왔고 뒷자리에 탔던 친구에게서는 전혀 나오지 않았습니다.

정의의 수레바퀴는 더디게 굴러갔습니다. 법정에서 운전자의 혐의를 밝히는 데만 일 년이 걸렸습니다. 우리는 재판에 꼬박꼬박 참석했지만, 그때마다 일정이 연기되기 일쑤였습니다. 피고 측 변호사는 혈중 알코올 농도 측정 결과를 무효화하려고 시도했지만, 뜻대로 되지 않았습니다. 결국 운전자는 유죄를 선고받고 6년을 복역하게 되었습니다.

우리는 가해 소년이 보호관찰소에서 청소년 교정 프로그램에 참여하면 도움이 될 것이라는 의견을 냈습니다. 그 소년에게 해를 끼칠 생각은 전혀 없었습니다. 자신이 한 일에 대한 대가를 치러야 한다고 믿었을 뿐입니다. 그런데 가해자의 어머니는 우리가 법정 최고형을 요구했다며 우리에게 비난조의 편지를 보내왔습니다. 만약 마이클이 운전대를 잡았고 자기 아들이 죽었다면, 자기는 우리처럼 원한을 품지 않았을 거라면서 말입니다. 저는 "정말로 그쪽 아들이 죽기 전까지 그런 장담은 하는 게 아닙니다"라고 대꾸했습니다.

결국 그 소년은 6개월의 교정 프로그램에 참여했고, 그 뒤 6년 동안 집중 관찰을 받는 조건으로 가석방되었습니다. 6개월 뒤 그 집 아들은 어머니에게 돌아갔지만, 우리 아들은 영영 돌아오지 못했습니다.

돌이켜보면 저 역시 운전자에게 정의의 판결이 내려지면 모든 상황이 바뀔 것이라는 막연한 생각에 빠져 있었던 것 같습니다. 사람들이 흔히 '끝'이라고 말하는 걸 저도 기대했던 겁니다. 누군가를 탓할 수 있어야 일을 매듭지을 수 있다고 믿었습니다. 희생자에게 어느 정도 정의가 실현되면, 고통이 사라진다는 공식을 믿은 거죠. 마이클이 죽고 지난 몇 년 동안 저처럼 소중한 사람을 잃은 뒤 같은 방식으로 문제를 해결하려는 사람들의 이야기를 많이 읽었습니다. 마치 가해자가 죽으면 도움이 될 거라는 듯이 사형을 요구하는 사람들을 〈오프라 윈프리 쇼〉 같은 TV 프로그램에서 보았습니다.

저도 운전대를 잡은 소년에게 몹시 화가 났습니다. 하지만 마이클에게도 화가 났습니다. 그날 밤, 마이클이 잘못된 선택을 한 건 분명하니까요. 스스로 자기 목숨을 위험에 빠뜨렸잖습니까. 마음을 추스르기까지 극심한 분노를 다스려야 했습니다. 그러나 판결이 난 뒤에도 좀처럼 '끝'은 찾아오지 않았습니다. 영혼에 커다란 구멍만 생겼고 그것을 메울 길이 없었습니다.

몇 달 뒤, 문득 이런 생각이 들었습니다. '운전대를 잡은 소년을 용서하기 전에는 내가 바라는 끝을 영영 볼 수 없을 것이다. 용서는 책임을 면제하는 것과는 다르다.' 가해자에게는 여전히 마이클을 죽음으로 몰고 간 책임이 있지만, 이 불행한 사건에서 벗어나려면 용서를 해야 한다는 생각이 강하게 든 겁니다. 아무리 무거운 벌을 내려도 앙갚음이 되지는 않으니, 앙갚음하려고 하지 말고 무조건 용서해야 했습니다. 따지고 보면 용서하는 과정에 가해자가 꼭 참여해야 하는 것은 아니었습니다. 중요한 것은 저 자신이었습니다. 그 소년이 무슨 짓을 저질렀건 상관없이 제가 바뀌어야만 '끝'에 이를 수 있었던 겁니다.

용서의 길은 길고 고통스러웠습니다. 가해자뿐 아니라 마이클을 용서해야 했고, 일이 그렇게 되도록 내버려둔 하나님을 용서해야 했습니다. 그리고 저를 용서해야 했습니다. 그게 가장 어려웠습니다. 저 역시 술을 마신 상태로 마이클을 태우고 운전한 적이 많았으니까요. 자신을 용서해야 한다는 사실을 깨닫기란 쉽지 않았습니다. 다른 사람을 향한 분노는 결국 제 안에 있는 두려움이 표출된 것이나 다름없었습니다. 자신의 죄책감을 도리어 다른 사람들, 운전한 소년과 법정, 하나님, 그리고 마이클에게 떠넘겼던 겁니다. 저의 잘못을 가리기 위해서요. 그래서 제 잘못을 인정하기 전까지는 태도를 바꿀 수 없었던 겁니다.

우리가 바라는 사건의 '끝'은 결국 용서에서 시작된다는 것을 배웠습니다. 용서의 힘은 밖이 아니라 우리 안에 있고, 용서는 우리에게 달려 있습니다.

희생자의 권리를 누구도 반박할 수 없는 정당한 권리로 간주하는 우리 사회에서 빌의 통찰은 지지를 받기 어렵다. 법정의 판결만으로는 충분하지 않다며 직접 응징에 참여하려는 사람도 적지 않다. 미국의 몇몇 주州에서는 희생자 가족에게 사형 집행을 참관할 기회를 주고 판결문에 발언을 넣을 기회를 주기도 한다.

1998년 오리건 주 스프링필드에서 총을 난사한 킵 킨켈에 대한 선고 공판이 열린 법정에서는 강한 분노를 표출한 피해자 가족들을 재판장이 법정에서 내보낸 일도 있다. 한 희생자의 어머니가 괴로움을 토로하면서 가해자도 평생 같은 방식으로 고통당해야 한다고 말해 험악한 분위기가 조성되기도 했다. "그것만이 제게 최고의 정의입니다."

이러한 요구가 타당해 보일 수는 있다. 하지만 그런 조치로는 아무것도 얻을 수 없다. 슬픔에 눈이 멀어서 가해자도 자신과 똑같은 고통을 겪어야 한다는 생각에 복수로 위안을 얻으려고 하지만, 복수는 손톱만큼의 위로도 되지 못하기 때문이다. 자식을 잃은 어머니의 마음은 충분히 이해한다. 하지만 복수로는 치유를 경험할 수 없다. 오히려 깊은 번민과 환멸에 빠질 뿐이다.

십 대 폭력으로 딸을 잃은 영국인 어머니 메리 폴리 역시 슬픔 속을 걸어왔다. 2005년 4월, 생일 파티에서 생긴 말다툼 끝에 딸 샬럿이 친구가 휘두른 칼에 죽임을 당했다.

열여섯 살 아이들이 다 그렇듯이 샬럿은 파티에 간다고 들떠 있었습니다. 파티에 참석하는 아이들 중 몇 명은 저도 아는 아이들이라 큰 걱정은 하지 않았습니다. 샬럿은 머리 모양과 속눈썹을 손질한 뒤 집을 나섰습니다.

새벽 한 시쯤 전화벨 소리에 잠에서 깼습니다. 샬럿의 친구였는데, 당황한 목소리였습니다. "샬럿이 칼에 찔렸어요. 지금 병원에 있어요." 그리고 전화가 끊겼습니다.

병원에 갔더니 저를 어떤 방으로 안내하더군요. 간호사 한 명과 의사 두 명이 들어왔고, 간호사가 먼저 입을 열었습니다. "유감입니다. 따님은 사망했습니다." 믿을 수 없었습니다. 상상해본 적도 없는 일이었으니까요. 작별 인사를 할 틈도 없이 죽다니요.

다음 날, 신원을 확인하러 간 자리에서 아이를 마냥 쳐다보기만 했습니다. 목까지 하얀 천이 덮여 있는데, 편안하게 잠을 자는 것 같았습니다. 아이가 다시 숨을 쉬는 기적이 일어나기를 기도했습니다.

그리고 그제야 파티장에서 무슨 일이 있었는지 알게 되었습니다. 샬럿이 아는 아이 중에 마리샤라는 아이가 있는데, 마리샤와 베아트리스라는 아이가 오래 전부터 사이가 좋지 않았답니다. 마리샤는 베아트리스를 칼로 찌르겠다고 위협까지 했고요. 그날도 전화로 말다툼 끝에 파티장에서 두고 보자고 했다네요. 샬럿은 아무것도 모른 채 파티에 갔고요.

자정쯤에 샬럿과 베아트리스는 춤을 추면서 이야기를 나누었고 샬럿은 매무새를 고치려고 위층으로 갔답니다. 그런데 샬럿이 방에서 나오자 베아트리스가 다짜고짜 따졌답니다. "아까 나한테 뭐라고 했어?" 그러고는 10센티미터가 넘는 부엌칼로 샬럿을 찔렀답니다. 파티에 올 때 가방에 칼 두 자루를 넣어왔던 겁니다. 샬럿은 피를 흘리며 죽어갔습니다.

런던의 중앙 형사 법원에서 재판이 열리는 동안 메리는 방청석에 앉아 흐느껴 울었다. 처음에는 의혹과 분노로 부글부글 끓었다. 그런데 어느 순간 서서히 분노가 가라앉더니 베아트리스에 대한 알 수 없는 연민이 밀려왔다. 재판이 끝날 무렵에는 베아트리스를 용서하고 싶은 마음이 커졌다. 불현듯 베아트리스가 한 번도 받아보지 못한 어머니의 사랑을 주고 싶다는 바람이 간절해졌다.

바로 용서가 되지는 않았습니다. 용서하고 싶은 마음이 분명히 있었지만, 용서하기까지는 정말 힘들었습니다. 샬럿이 칼에 찔리는 장면이 자꾸 떠올라 견딜 수 없었습니다. 딸에게 도움이 필요할 때 제가 아무 도움이 되지 못했다는 사실이 너무 괴로웠습니다. 피를 흘리며 죽어가는 아이의 모습이 떠오를 때마다 해묵은 분노가 다시 끓어올랐습니다. 그럴 때는 이미 용서하기로 마음먹었다는 사실을 기억해야 했습니다. 그렇게 해서 모든 고통과 상처를 하나님의 손에 맡겨드릴 수 있었습니다.

2006년 3월, 베아트리스는 살인죄로 최소 14년의 무기징역을
선고받았다. 베아트리스를 용서하기로 한 것이 법원의 엄격한 판
결에 동의하지 않는다는 뜻이냐고 묻자 메리는 그렇지 않다고 했
다. 사실 메리는 이 판결이 칼과 같은 흉기를 지니고 다니는 젊은
이들에게 강력한 경고가 되기를 바란다. 알고 보니 베아트리스는
전에도 폭력을 휘두른 적이 있었고, '손을 봐줄 사람' 18명의 명단
을 작성하기까지 했다고 한다. 하지만 독실한 기독교인인 메리는
긴 징역형이 범죄자의 마음을 바꿔놓을 것이라고는 생각하지 않
는다. "베아트리스에게 정말 필요한 것은 예수님과 인격적인 관계
를 맺는 겁니다. 세상에서 그 아이를 바꿀 수 있는 건 그것뿐입니
다." 그래서 메리는 딸을 죽인 살인자를 포기하지 않는다.

베아트리스의 성장 배경을 보면 마음이 아픕니다. 그렇다고 제
딸에게 저지른 일이 정당화되는 건 아니지만, 베아트리스는 자
라면서 너무 많은 문제에 부딪혔습니다. 학교와 집에서도 문제
가 있었고, 이성이나 동성 친구들과도 늘 문제가 있었습니다. 별
의별 일이 다 일어났죠. 아버지는 베아트리스의 어머니를 살해
하려 한 혐의로 수배 중이었고, 베아트리스는 한때 노숙자 생활
까지 했다더군요. 베아트리스는 자신이 아무 가치 없는 사람이

라고 생각합니다. 정말 안타까운 건 누구도 그녀에게 관심을 기울이거나 대화하려고 하지 않았다는 겁니다. 이 아이의 인생에 생긴 구멍을 메워주고, 얼마든지 좋은 일을 할 수 있다고 그녀를 믿어주는 사람이 있다는 걸 알려주고 싶습니다. 그 아이를 보면 모성애가 생깁니다. 저는 샬럿의 엄마니까 베아트리스가 감옥에 있는 동안 무언가 배울 수 있지 않을까요?

메리는 런던에 있는 수많은 학교를 돌며 자신의 경험을 나누는 인기 강사가 되었다. 강연을 통해 그녀는 건강하지 못한 교우 관계가 종종 폭력 사고로 이어질 수 있으며, 비폭력적인 갈등 해결과 용서가 깊은 관련이 있다는 사실을 알리고 있다. 때로는 베아트리스가 감옥에서 보낸 편지를 읽어주기도 한다.

친애하는 폴리 아주머니께,

제가 무슨 말을 한다고 상황이 바뀌는 것도 아니고 뭐라고 써야 할지도 모르겠지만, 정말 죄송하다는 말씀은 드리고 싶어요. 순간적으로 광기를 부린 걸 정말 후회해요. 그런 짓은 절대 하지 말았어야 했어요. 제가 정말 몹쓸 짓을 저질렀어요. 아주머니와 샬럿의 동생들에게 고통과 슬픔을 드려서 죄송해요. 폴리 아주머니의 어린 딸을 해친 것 정말 죄송해요. 죽일 생각은 없었어요. 정말이에요. 그런 의도는 절대 없었어요. 제가 왜 그런 짓까지 했는지 정말 모르겠어요. 재판 때도 왜 제가 위층으로 올라갔는지 설명하지 못했어요. 무엇 때문에 제가 샬럿을 찔렀는지, 그래서 수많은 사람에게 고통을 안겨주었는지 모르지만, 과거를 되돌리고 싶은 마음만은 간절해요. 정말 죄송합니다. 샬럿에게도 미안해요. 정말 드릴 말씀이 없어요. 죄송해요. 제가 얼마나 죄송한지 증명할 길이 있었으면 좋겠어요. 이 일 때문에 정말 괴로워요. 일이 왜 이렇게 된 건지 정말 모르겠어요. 부디 슬퍼하지 마세요. 제가 편지를 쓴다고 기분 나빠하지 않으셨으면 좋겠어요. 언젠가 아주머니가 다시 행복을 찾으시길 바라요. 아주머니에게 슬픔과 고통을 안겨준 제가 너무 미워요. 샬럿에게 너무 끔찍한 일을 저질렀어요. 그런 일이 일어나길 바란 건 아닌데, 정말 아닌데. 죄송해요. 저 때문에 상처 입은 사람에게 무슨 말을 어떻게 해야 하는지 정말 모르겠어요. 하지만 정말 죄송하다는 말씀을 드리고 싶어요. 답장하지 않으셔도 이해하지만, 그래도 받고 싶어요. 답장을 주시면 소중하게 간직할게요. 따님을 해칠 생각은 정말 없었어요.

깊은 사랑을 담아 베아트리스 드림

추신: 샬럿이 다시 살아날 방법이 있다면, 뭐든 다 할 거예요.

베아트리스의 편지를 받고 심정이 어땠느냐고 묻자 메리는 추신에 적은 글을 떠올렸다. "그럴 방법이 없잖아요. 샬럿을 다시 살리기 위해 그 아이가 할 수 있는 일이 없잖아요." 하지만 베아트리스에게서 온 몇 통의 편지가 실제로 도움이 되었다고 했다. "그 아이도 감정이 있는 한 명의 인간이라는 걸 알게 되었어요."

메리는 식구들이 샬럿의 죽음에 저마다 다른 방식으로 반응했다고 말했다. 아들 디온은 "용서는 생각조차 하지 않았다"고 한다. 하지만 남편 폴은 용서하는 쪽을 선택했다.

친척과 친구들은 대부분 저더러 미쳤다고 하죠! 대놓고 말은 못해도 그렇게 생각해요. 제게 상처를 주고 싶지 않아서 말을 안할 뿐이에요. 제 앞에서는 저를 비난하거나 불쾌감을 표현하지 않지만, 제게 하는 질문을 들으면 확실히 알 수 있습니다. 세상 사람들이 아무리 비난해도 저를 말리지는 못합니다. 주님이 저의 삶에 목적을 가지고 계시다는 사실을 알기에 아침마다 침대에서 일어나 다시 하루를 시작합니다. 비록 이런 일을 겪었지만, 주님이 이 비극을 당신의 영광을 위해 사용하실 거라고 믿습니다. 저의 이야기를 듣고 사람들이 삶에 불을 밝히고 용서를 선택할 때 힘이 납니다. 그 순간 사람들은 더 이상 한 맺힌 가슴으로 슬픔의 포로가 되어 살지 않아도 된다는 사실을 깨닫거든요.

자비를 베푸는 일

그대는 정의를 호소하지만, 잘 생각해보게.
정의만을 좇는다면 아마도 구제를 받을 자 아무도 없으리라.
우리는 자비심을 위해 기도드리고, 그리고 바로 그 기도는
우리에게 자비로운 행위를 베풀도록 가르쳐준다.

윌리엄 셰익스피어

앨런 페이턴은 《너무 늦었어, 도요새야*Too Late the Phalarope*》라는 소설에서 사회가 용납할 수 없는 범죄를 저지른 한 남자의 이야기를 들려준다. 사건의 전모가 밝혀지자 남자의 가족은 절규했다. 친구들은 떠났고 친척들은 냉랭해졌고 아버지는 수치심에 죽어갔다. 한 이웃은 이렇게 애처로워했다. "죄를 저지른 사람은 벌을 받아야죠. 하지만 벌만 주고 회복시키지 않는 건 더 큰 죄예요. 만약 벌하시는 하나님의 권리를 인정할 양이면, 회복하시겠다는 하나님의 약속도 함께 받아들여야죠."

우리가 용서라고 부르는 이 미스터리가 안고 있는 명백한 모순을 드러내는 것이 있다면, 아마도 그것은 고통스럽고 불쾌한 감정일 것이다. 우리는 비교적 사소한 원망도 쉬 떨쳐버리지 못한다. 그러나 삶을 회복하고 화해를 이루려면, 상대방을 용서할 뿐 아니라 피하고만 싶은 그 사람을 끌어안기 위해 적극적으로 노력해야 한다.

마이애미에서 나고 자란 크리스 캐리어는 열 살 때 아버지 회사에서 일하던 사람에게 유괴를 당했다. 그 사람은 크리스의 머리에 총을 쏘고 플로리다 습지에 버리고 사라졌다. 하지만 이야기는 여기서 끝나지 않았다.

1974년 12월 20일 금요일은 평소와는 조금 다른 날이었습니다. 크리스마스 연휴가 시작되는 날이라 수업이 일찍 끝났거든요.

오후 1시 15분쯤 버스에서 내려 집으로 가는데, 나이가 들어 보이는 아저씨가 저를 향해 걸어오더니 아는 척을 했습니다. 두 집만 지나면 우리 집이었죠. 그 사람은 자기가 아버지 친구라며 인사했습니다. 아버지를 위해 파티를 여는데, 장식하는 걸 도와줄 수 있느냐고 물었습니다.

저는 그러겠다고 했고, 오던 길을 되돌아가서 그 사람이 캠핑 카를 세워둔 청소년 센터로 갔습니다. 저는 차에 가방을 벗어놓 고 편하게 앉았죠.

북쪽을 향해 달리던 차는 금세 익숙한 마이애미 지역을 벗어 났습니다. 시 외곽 도로에서 벗어난 뒤 그 사람은 길가에 차를 세웠습니다. 좌회전을 해야 했는데 놓쳤다며 제게 지도를 주면 서 목적지를 찾아보라고 했습니다. 자기는 무얼 좀 가져오겠다 며 차 뒤편으로 가더군요.

지도를 들여다보면서 기다리는데, 무언가 뾰족한 게 연달아 어깨를 찌르는 느낌이 났습니다. 뒤를 돌아보니 그 사람이 얼음 송곳을 들고 서 있었습니다. 그 사람은 저를 차에서 끌어내 바닥 에 눕힌 다음 무릎으로 압박하면서 제 가슴을 송곳으로 찌르기 시작했습니다. 제발 그만하라고, 이대로 보내주면 아무에게도 말하지 않겠다고 애원했죠.

그러자 그 사람이 일어섰습니다. 순간 마음이 놓였습니다. 저 를 어디까지 태워다준 다음에 아버지에게 전화를 해서 위치를 알려주겠다고 했습니다. 그러면서 저더러 캠핑카 안에 있으라고 했습니다. 달리는 차에 앉아 상황이 걷잡을 수 없는 방향으로 흐 르는 것 같아 무서웠습니다. 나한테 왜 이러는 거냐고 묻자 이렇 게 답하더군요. "네 아버지 때문에 큰 손해를 봤다."

한 시간 넘게 차를 몰더니 비포장도로로 들어섰습니다. 길 한쪽에 차를 세우더니 기다리면 아버지가 오실 거라고 하더군요. 그래서 시키는 대로 풀숲에 앉아 있었습니다. 그 뒤로 제가 기억하는 건 그 사람의 발자국 소리뿐입니다.

엿새 뒤인 12월 26일 저녁, 사슴 사냥꾼이 크리스를 발견했다. 머리에는 피가 흥건했고 눈 주위는 까맸다. 머리에 총을 맞은 게 분명했다. 기적적으로 뇌는 다치지 않았다. 하지만 크리스는 총을 맞은 순간을 기억하지 못했다.

여러 해가 지나도록 유괴범은 잡히지 않았고, 크리스는 매일 불안과 싸워야 했다.

어디를 가든 모퉁이에서 뭐가 튀어나오지는 않을까, 그림자 뒤에 누군가 숨어 있지는 않을까, 하는 걱정에 겁이 났습니다. 무슨 소리가 나거나 뭐가 조금 움직이기만 해도 깜짝 놀랐죠. 개였나? 저건 뭐지? 바람 소리가 맞나? 옆방에서 삐걱거리는 건 뭐지? 누가 뒷문으로 집에 침입하는 건 아닐까? 꼬박 3년 동안 매일 밤 부모님 방 침대 발치에 침낭을 깔고 잤습니다. 하루도 빠짐없이요.

크리스는 당시에 입은 부상으로 인한 신체적 장애도 받아들여야 했다. 한쪽 눈은 실명했고 몸과 몸이 닿는 운동은 엄두도 내지 못했다. 그리고 십 대라면 누구나 그렇듯이 외모에 대해 걱정했다.

크리스는 자신의 생존에 대해 언급한 언론을 원망했다. 그들이 말하는 '기적' 뒤에 끔찍한 삶이 이어지고 있다고 말해주고 싶었다. 그런데 열세 살이 될 무렵 변화가 찾아왔다. 그날의 악몽을 다른 시각으로 보기 시작한 것이다. 더 심하게 다칠 수도 있었고 하마터면 죽을 수도 있었다는 생각이 들었다. 분노를 품고 산다고 해서 달라지는 건 아무것도 없다는 사실도 깨달았다. 자기 연민을 떨쳐내고 자기 앞에 놓인 삶을 살기로 했다.

1996년 9월 3일, 크리스는 자신의 삶을 다시 바꾸어놓은 전화를 한 통 받았다. 코럴게이블즈 지역 담당 형사의 전화였다. 지역 양로원에 있는 데이비드 매컬리스터라는 노인이 범행을 자백했다고 했다. (사실, 법의 견지에서 보면 증거가 부족해 기소하기도 어려웠다.) 데이비드는 크리스의 친척 중에 노인 한 분을 돌보다가 음주 문제로 해고당했다고 했다. 다음 날, 크리스는 데이비드를 찾아갔다.

처음 방에 들어갔을 때는 너무나 어색했지만, 데이비드를 본 순간 측은한 마음이 들었습니다. 그 방에 앉아 있는 사람은 더 이상 무시무시한 유괴범이 아니었습니다. 6년 전에 두 눈이 먼 일흔일곱 살의 허약한 노인이었습니다.

술과 담배로 망가진 데이비드의 몸은 30킬로그램이 채 안 될 정도로 야위어 있었습니다. 가족이나 친구도 없었습니다. 설령 있더라도 상종도 하지 않으려고 했을 게 분명합니다. 가진 것이라고는 근처 초등학교 아이들이 보내준 그림 몇 장이 전부였습니다. 방을 같이 쓰는 사람이 있었지만, 서로 잘 모를 뿐 아니라 말도 별로 하지 않는 사이로 보였습니다. 쓸쓸하게 죽음을 기다리는, 곁을 지키는 친구라고는 '후회'밖에 없는 사람이었습니다.

경찰관으로 여겼는지 말을 걸자 냉담하게 대꾸하더군요. 함께 간 친구가 간단한 질문을 몇 가지 던지자 유괴 사실을 순순히 인정했습니다. 그래서 친구가 이렇게 물었습니다. "그 아이에게 미안하다는 말을 하고 싶진 않으셨어요?" 데이비드는 단호하게 대답했습니다. "진심으로 미안하다고 말하고 싶소." 그때 제가 바로 크리스라고 말했습니다.

데이비드는 제 얼굴을 쳐다보지도 못하고 손을 꽉 쥐며 진심으로 미안하다는 말만 반복했습니다. 그런 그를 내려다보는데, 이런 생각이 밀려왔습니다. '한 인간이 가족이나 친구도 없이, 생의 기쁨이나 희망도 없이 이렇게 죽어가야 할 이유가 뭔가?' 용서하고 따뜻한 말을 해주는 것밖에는 제가 달리 할 수 있는 일이 없었습니다.

그날 이후 크리스는 데이비드를 자주 찾아갔다. 대개는 아내 레슬리와 두 딸도 함께 갔다. 두 사람은 긴 시간 이야기를 나누고 함께 책을 읽고 기도했다. 그러는 사이 노쇠한 남자의 굳은 마음도 풀리기 시작했다.

데이비드에게 그가 나를 죽이려 했던 그날 이후 제가 어떻게 살았는지, 그리고 어떻게 삶을 회복했는지 이야기해주었습니다. 고등학교와 대학교를 졸업하고 대학원에 진학한 일, 결혼해서 아름다운 아내와 가족을 갖게 된 일에 대해서도 이야기해주었죠. 그런 이야기를 한 이유는 그 옛날 이스라엘의 요셉이 자기를 버린 형들에게 지난 일을 설명한 이유와 비슷합니다. 요셉의 형들처럼 데이비드도 저의 상황을 이해했으면 했습니다. "당신은 나를 해하려 하였으나 하나님은 그것을 선으로 바꾸셨다"고 말해주고 싶었습니다. 끔찍했던 그 일도 끝내 저의 인생을 망치지 못했고, 이제 우리 사이에는 앙금이 남아 있지 않다는 사실을 이야기하고 싶었습니다.

그로부터 3주가 지난 어느 날, 크리스가 병든 친구의 잠자리를 봐준 지 몇 시간 되지 않아 데이비드는 세상을 떠났다.

크리스는 용서하는 것이 그리 어렵지 않았다고 말하지만, 나중에 사건에 관심을 보인 기자들은 어떻게 무슨 이유로 유괴범을 용서했는지 이해하지 못하겠다는 반응이었다. 유괴범을 용서한 크리스에게 감탄하면서도 무엇이 크리스로 하여금 그를 용서하게 했는지 전혀 이해하지 못했다. 기자들은 용서라는 주제에 대해서는 별 관심이 없어 보였다. 그보다는 어떻게 유괴를 당하고 어떤 공격을 당했는지에 더 관심을 기울였다. 하지만 크리스는 자기가 왜 데이비드를 용서했는지 알고 있다.

사실, 제가 그를 용서한 이유는 아주 현실적이에요. 피해를 입으면 사람들은 흔히 복수와 용서 중에 하나를 선택하기 마련입니다. 그런데 복수를 선택하면 분노하는 데 삶이 다 소진되고 맙니다. 복수는 일단 하고 나면, 사람의 마음을 텅 비게 하는 위력이 있으니까요. 분노는 만족을 원하고, 그것은 곧 상습이 되기 쉽습니다. 하지만 용서는 앞으로 나아가게 도와주죠.

용서할 수밖에 없는 이유가 있습니다. 용서는 선물이고 자비에요. 선물을 주고받는 것과 같습니다. 주는 것이나 받는 것이나 충만한 만족을 주지요.

'마지막 사형수' 요셉.[2] 1997년 12월 30일, 그에 대한 사형이 집행되었다. 그 후 15년이 지난 2012년까지 사형이 집행되지 않자 국제 앰네스티를 비롯한 한국의 사회 및 종교 단체는 한국을 사형제 폐지 국가로 선포했다. 2014년 현재 한국은 실질적 사형제 폐지 국가이지만, 스물여섯의 나이에 형장에서 생을 마감한 요셉은 많은 이의 가슴에 안타까움으로 남아 있다.

1991년 10월 19일 오후 4시, 여의도 광장은 자전거나 롤러스케이트를 타는 사람들로 활기가 넘쳤다. 아이를 데리고 나온 여자들과 수업을 마치고 온 학생들과 시민들이 가을 오후를 만끽하고 있었다. 그러나 평온했던 광장은 한순간에 죽음의 아수라장으로 변했다. 광장 한쪽에 자동차 한 대가 서 있었지만, 사람들은 크게 신경 쓰지 않았다. 그런데 그 자동차가 갑자기 사람들에게 돌진했다. 시속 100킬로미터의 빠른 속도였다. 아이 한 명, 그리고 또 다른 아이 한 명이 쓰러졌고, 광장에 있던 사람들은 미친 듯이 질주하는 자동차를 피해 도망쳤다. 운전자는 도망치는 사람들을 집요하게 쫓아가 쓰러뜨렸다.

차가 갑자기 멈춰 서자 주위에 있던 사람들이 몽둥이를 들고 달려들어 차를 내려치기 시작했다. 잠시 후 차 안에서 젊은 남자가 칼을 들고 내리더니 사람들을 위협하며 도로 쪽으로 달아났다. 그러고는 건널목에 서 있던 여중생을 인질로 삼았다. 그러나 결국 달려드는 행인들에게 잡혀 경찰에 넘겨졌다.

소식을 듣고 경찰서에 달려온 기자들에게 범인은 울부짖듯 소리쳤다. "세상이 원망스러워서 사람들을 죽이고 나도 죽으려고 그랬다! 인간들이 다 개로 보였고, 더 못 죽인 것이 한이 된다."

뉴스를 접한 여론은 들끓었다. 그저 '화풀이'로 사람들을 마구 해쳤다는 사실에 분노했다. 운전면허도 없는 사람이 벌인 대낮의 질주로 자전거를 타던 초등학교 5학년생과 여섯 살짜리 아이가 목숨을 잃었고, 스무 명이 넘는 사람이 다쳤다. 현장 검증을 지켜보던 사람들은 외쳤다. "저놈이 했던 대로 저놈도 차로 깔아버려라!" "당장 죽여라!" 이어진 재판 끝에 범인은 사형을 선고받았다.

사형 선고로 사건이 마무리되는 듯했고 사람들도 그를 잊어가는 것 같았다. 하지만 그는 감옥에서 전혀 다른 삶을 경험하게되었다. 그는 사형 선고를 받은 날 검사실에서 한 할머니를 만났다. 차에 치여 숨진 여섯 살 아이의 할머니라고 했다. 할머니는 그에게 죄는 나쁘지만 신앙을 따라 사람을 용서하기로 했다고 말했다. 그러고는 그에게 영치금을 넣어주고 안경도 맞추어주었다. 감옥에서 만난 교도부장과 면회 온 수녀에게 태어나 처음으로 '인간 대접'도 받았다. 덕분에 자신도 하나의 인격이고 사람임을 알게되었고, 마음을 열고 조금씩 자기 이야기를 하기 시작했다.[3]

나는 충북 옥천의 가난한 시골 마을에서 태어났다. 할아버지, 할머니, 아버지, 어머니, 큰형, 작은형 그리고 동생, 모두 해서 여덟 식구가 살았다. 할아버지는 건강했지만, 할머니는 늘 앓아누웠고, 아버지는 말을 하지도 못하고 듣지도 못했으며, 어머니는 시력이 아주 안 좋았다. 그래도 가족이 함께 사는 게 행복했다. 하지만 내가 초등학교에 들어가기 전에 어머니가 집을 나가셨다. 용케 아버지가 어머니를 찾아오셨지만 매번 심하게 두들겨 맞으면서도 어머니는 집을 나갔다 돌아오기를 반복하더니 결국 아예 집을 나가 다른 남자와 살기 시작했다. 비관한 아버지는 술과 울음으로 전전긍긍하다가 안타깝게도 목숨을 끊고 말았다.

나도 엄마처럼 시력이 아주 안 좋아서 가까이에 있는 글씨조차 못 알아봤지만, 학교에서 누구 하나 도움을 주는 사람이 없었다. 초등학교 5학년이 되어서야 겨우 글을 느릿느릿 읽을 수 있게 되었다. 초등학교를 졸업하고 나서 중학교로 진학하는 대신 씨앗을 파는 종묘상에 취직했다. 하지만 눈이 워낙 안 좋아 실수를 하는 바람에 며칠 만에 해고당했다. 가까운 곳에 있던 자장면 집에서 다시 일을 시작했지만, 그곳에서도 손님 옷에 물을 흘리고, 배달 갔다 길을 잃는 바람에 오래 있지 못하고 쫓겨났다. 결국 세차장에서 일자리를 잡았지만, 거기서도 금세 쫓겨나고 말았다.

얼마 뒤 나는 맹학교에 진학했다. 그곳에서 친구를 사귀고 공부를 이어갔지만, 여전히 가정 형편은 기울어만 갔고, 자꾸 충동적으로 문제를 일으키게 되었다. 몇 년 뒤 맹학교를 떠나 무작정 서울로 올라와 일자리를 찾기 시작했다. 서울에서 친구와 작은 형의 도움으로 용접 공장, 잠바 공장, 신발 공장, 나이트클럽 등에서 일했지만, 여전히 시력 문제로 직장을 그만두어야 했다. 그러는 사이 맹학교와 공장, 가정집에 들어가 절도를 벌이기도 했고, 삶의 희망을 잃고 자살을 시도했지만 뜻대로 되지 않았다.

우연히 경찰의 검문을 받아 과거에 저지른 범죄 때문에 석 달을 감옥에 있다가 풀려났다. 부산과 서울에서 여러 직장과 숙소를 전전하며 정착할 길을 찾았지만, 제대로 되지 않았고 절도 행각은 계속되었다. 끝에 가서는 '누구든 건드리기만 하면 가만두지 않겠다'는 마음을 품고 칼을 늘 몸에 지니고 다녔다. 결국 1991년 10월, '그래, 이 빌어먹을 놈의 세상, 차라리 죽어버리자. 승용차로 가능하면 많은 사람을 쓸어버리고 나도 죽는 거야!'라는 마음을 품고 옛날에 일하던 수건 공장에 가서 미리 복사해둔 열쇠로 차를 훔친 뒤 여의도 광장으로 가서 다시는 돌이키지 못할 길로 질주하게 된 것이다.[4]

처음으로 자신의 이야기를 풀어내며 그는 자기 안에 있던 분노와 서러움을 털어냈다. 부끄러운 일이었고 누구에게 이야기할 일도 아니라고 생각했지만, 자신의 '보잘것없는' 이야기를 들어주고 공감하는 사람들이 있었다. 그중 한 사람이 조성애 수녀다. 당시 교도소 사목으로 활동하던 조성애 수녀는 그를 아들처럼 정성 들여 보살폈다. 감옥에 면회 가서 대화하고 성경을 읽는 것은 물론이고, 늘 편지로 위로와 격려를 했고, 그가 유일하게 의지하던 작은형의 결혼식에도 대신 참석해주었다. 또한 그가 자신이 저지른 잘못을 고백했을 때에는 용서받을 수 있다고 확신시키는 한편, 타인의 생명을 존중하고, 성性을 고귀하게 여기며, 다른 사람에게 상처준 일에 대해 평생 용서를 구하라고 엄하게 꾸짖었다.

요셉 형제를 처음 만나러 가던 날은 아침부터 분주했습니다. 마치 군대 간 아들을 처음 면회 가는 엄마처럼, 집 나갔다 돌아오는 손자를 맞는 할머니처럼 자꾸만 마음이 앞서서 허둥댔습니다. 빨리 가서 요셉의 손을 잡아주고, 요셉의 영혼을 어루만져주어야 한다는 모정과 같은 사명감에 그랬던 것 같습니다.

그런데 요셉, 어쩌면 듣기에 거북할 수 있는 이야기를 해야겠네요. 남의 물건에 손을 대는 것은 옳지 않은 일입니다. 결코 용납될 수 없는 일이기도 하고요. 그런 행동을 한 후에는 반성하고 회개했어야 하지 않을까요. 그래야 죄의 때를 벗겨낼 수 있으니 말입니다. 죄를 고백하고 회개하면 하느님께선 우리를 깨끗하게 해주시고 절대 그 죄를 기억하지 않으십니다.

눈이 나쁘다고 요셉을 해고한 사람들을 미워해서는 안 됩니다. 전에도 내가 말했지요? 미움은 분노를 낳고 분노는 마음의 독이 되어 자신을 해친다고 말입니다. 결국 자신에게 아무 득이 되지 않는다는 것을 잊지 마세요.

요셉, 칼로 사람을 찌른 일은 고백으로만 끝나서는 안 됩니다. 목숨이 다하는 날까지 빌고 또 빌어야 할 것입니다.[5]

요셉이 자신도 사람이라는 것을 알게 된 뒤 경험한 또 하나의 기적은 자기가 목숨을 빼앗은 여섯 살 아이의 할머니가 그를 용서하고 옥바라지해준 일이다. 할머니는 "그리스도의 가르침에 따라 죄는 미워하지만 사람은 용서하기로 결심했다"고 했다. 물론 할머니는 용서를 결심하고도 심한 고통을 겪어야 했다. 남편이 화병으로 세상을 떠났고, 이어 아이를 잃고 시름시름하던 며느리마저 암으로 세상을 떠나자, 할머니는 "용서하기 힘들다"는 내용의 편지를 요셉에게 보내기도 했다. 그러나 끝내 용서를 선택한 할머니는 정성 들여 요셉의 옥바라지를 했고, 김수환 추기경과 함께 감형을 탄원했다.

지독한 근시에 어머니의 가출과 아버지의 죽음, 가난 속에서 세상에 대한 원망과 자포자기의 몸부림은 어쩌면 우리 사회의 책임도 있습니다. 따뜻한 사랑과 행복한 가정을 가졌더라면 그런 일은 발생하지 않았을 것입니다. 내 손자라고 여기고 무엇보다 사랑의 마음을 심어주려고 합니다.

이런 용서와 인간 대접에 힘입어 요셉은 남은 삶을 최선을 다해 살기로 했다. 1992년 6월 19일에 감옥에서 세례를 받고 요셉이라는 세례명도 받았다. 그 뒤에는 "이 세상에 다시 태어났다"면서 감옥 청소든 정리든 모든 일을 열정적으로 했다. 재소자들과 주변 사람들의 칭찬이 끊이지 않을 정도였다. 새로 입소한 사람들

의 발을 씻어주기도 했다. "정말 죽을죄를 지었습니다. 살려만 주
신다면 그동안의 죄를 뉘우치며 정말 열심히 살겠다"고 호소하기
도 했지만, 그 뜻을 이루지 못하고 1997년 말 사형 집행으로 숨을
거뒀다. 요셉은 사형장에서 흐느끼는 사람들을 위로하며 다음과
같은 말을 남기고 이 세상에서의 생을 마감했다. "인간 대접을 해
주신 것에 감사드리며 짧으나마 인간답게 살고 갑니다."

화해가 불가능할 때

용서를 거부하는 것은 어쩌면 살인보다 더 심한 일인지도 모른다.
후자는 순간 이성을 잃고 저지른 일일 수도 있지만,
전자는 냉정하고 의도적인 마음의 선택이기 때문이다.

조지 맥도널드

매리에타 예거는 가족과 몬태나에서 야영을 하던 중 딸아이를 납치당했다. 매리에타는 격분했다.

증오로 속이 부글부글 끓었고 복수에 대한 생각으로 피폐해졌습니다. 남편에게 "수지가 지금 당장 살아 돌아온다고 해도 그자를 죽이고 말 거야"라고 말했습니다. 진심이었어요. 온 힘을 다해 그렇게 말했습니다.

이해할 수 있는 반응이었다. 하지만 매리에타는 아무리 화를 내도 딸을 되찾을 수 없다는 사실을 곧 깨달았다. 그렇다고 유괴범을 용서할 준비가 된 것은 아니었다. 만약 범인을 용서한다면 그건 딸을 배신하는 것이나 마찬가지라고 되뇌곤 했다. 하지만 마음 깊은 곳에서는 용서만이 상실을 견디는 유일한 길임을 알고 있었다.

그래서 절박한 심정으로 딸의 무사귀환을 위해 기도하면서 범인을 위해서도 기도하기 시작했다. 그렇게 몇 주가 흐르고, 다시 몇 달이 흐르는 동안 기도는 더 간절해졌다. 사랑하는 딸을 데려간 사람을 찾아야 했다. 유괴범을 직접 보고 이야기하고 싶은 이상한 바람까지 생겼다.

딸이 납치된 지 정확히 일 년이 되었을 때 전화 한 통을 받았다. 유괴범이었다. 당당하다 못해 조롱이 섞인 말투에 처음에는 겁이 났지만, 놀랍게도 수화기 너머에 있는 유괴범에게 연민이 생겼다. 차츰 마음이 진정되었다. 수화기 너머에 있는 범인에게서도 그런 변화가 느껴졌다. 두 사람은 한 시간 넘게 통화했다.

매리에타가 통화 내용을 녹음했지만, 연방 수사국이 범인을 찾아 체포하기까지는 몇 달이 더 걸렸다. 그리고 딸이 끝내 집에 돌아올 수 없다는 사실이 분명해졌다. 수사관들이 유괴범의 소지품에서 어린 딸의 뼛조각을 발견한 것이다.

주州 법률에 따르면, 유괴살인범에게는 사형을 내리게 되어 있었다. 하지만 매리에타는 복수를 원하지 않았다. "진정한 정의는

처벌이 아니라 복구와 회복이라는 것을 배웠습니다." 매리에타는
사형 대신 정신 상담을 받을 수 있는 무기징역을 선고해달라고 법
원에 편지를 보냈다. 정신적으로 괴로워하던 그 청년은 끝내 자살
로 삶을 마무리하고 말았지만, 매리에타는 자신의 결정을 후회하
지 않았다. 그리고 평화를 이루기 위한 노력을 멈추지 않고 계속
했다. 현재 매리에타는 살인자와 희생자 가족의 화해를 모색하는
모임에서 활동하고 있다.

오랫동안 알고 지낸 켈리라는 여성은 결혼식을 열흘 앞두고
약혼자에게 버림을 받았다. 그 후 그를 보지 못했다. 일 년이 넘는
약혼 기간에 관계가 삐걱거리기도 했지만, 켈리는 모든 게 잘될
거라고 믿었다. 약혼자를 깊이 사랑했고 기대도 컸다. 마침내 간
호대학도 졸업하고 웨딩드레스도 거의 완성되었는데, 모든 것이
일시에 무너지고 말았다.

어느 날, 약혼자가 그동안 저에게 불성실했다고, 자기에게는 결
혼에 걸림돌이 될 과거가 있다고 하더군요. 설상가상으로 그는
문제를 직시하는 대신 도망치고 싶어 했습니다. 저는 엄청난 충
격을 받았습니다. 며칠을 눈물로 지새웠고 수년간 비통한 마음

으로 살았습니다. 약혼자의 배신을 제 탓으로 여겼습니다. 그렇게 가슴에 응어리가 졌습니다.

30년 넘게 결혼하지 않고 살고 있지만, 켈리는 더 이상 억울해하지도 원망하지도 않는다. 전 약혼자를 만나 직접 이야기할 기회는 없었지만, 정말로 그를 용서했다. 가끔 이루지 못한 사랑과 결혼에 가슴 아파하기는 해도 다른 이들을 돌보고 섬기면서 성취감을 느낀다. 나이 들고 병든 사람, 임산부와 장애 아동을 돌보며 열정적으로 산다. 자기 연민에 빠질 새 없이 바쁘다. 그래서 주변 사람들은 켈리에게 그런 과거가 있는 줄 상상도 못한다.

결혼하지 않은 덕분에 바쁜 엄마들이 웬만해서는 할 수 없는 일을 합니다. 전에는 엄두도 내지 못할 만큼 많은 아이들을 돌보고 사랑할 수 있었습니다. 하지만 그러기 위해서는 먼저 저 자신과 제가 잃어버린 것에 골몰하는 것을 그만두어야 했습니다. 먼저 그를 용서해야 했습니다.

줄리는 남편 마이크가 은밀하게 딸을 성추행해왔다는 사실을 알고 경악과 분노로 제정신이 아니었다. 문제를 직시하고 남편이 다시는 그런 행동을 하지 못하게 조치를 취했지만, 줄리는 계속 남편 곁에 있기로 했다. 다시는 그런 일이 없을 거라고 호소하는 남편을 믿고 싶었고, 남편에게 떠나라고 말할 용기가 나지 않았다. 그러나 결국 가정은 부서지고 말았다.

저는 절망 속에 가라앉고 있었습니다. 마이크는 더 이상 제가 알던 사람이 아니었고, 지옥으로 변해버린 곳에서 더는 함께 살 수 없었습니다. 일 년쯤 관계를 회복하려고, 최소한 더 처참하게 무너지는 것은 막아보려고 발버둥 쳤지만, 소용없었습니다.

결국 제가 아이들을 데리고 고향으로 이사했습니다. 화가 났고, 상처받았고, 증오에 가득 찼고, 버림받았고, 절망했고, 격분했고, 자존심이 상했습니다. 어떤 형용사로도 표현하지 못할 만큼 힘이 들었습니다. 마음속에서 한바탕 전쟁이 일어났습니다.

한편으로는 용서하고 싶었으나, 다른 한편으로는 그에게 복수하고 싶었습니다. 마이크가 이혼 소송을 제기하고 다른 사람과 재혼했을 때는 상태가 걷잡을 수 없게 나빠졌습니다. 그가 재혼한 여자를 생각할 때마다 분노가 치밀었습니다.

제 안에서 벌어지는 전투는 이러했습니다. 마음 깊은 곳에서는 마이크를 용서하고 싶었습니다. 진심으로 그러고 싶었습니다. 그러나 실제로 용서를 어떻게 표현해야 할까요? 정작 마이크는 미안한 기색도 별로 없는데?

마이크가 한 짓을 대충 덮어주고 싶지는 않았습니다. 그래서 헤어지면서 마이크에게 다시는 아이들과 함께 지낼 수 없게 하겠다고 분명히 말했습니다. 그런데 생각해보니 그것밖에는 제가 할 수 있는 일이 없었습니다. 우리의 결혼은 완전히 끝이 났고, 이혼했다는 사실을 인정하는 수밖에 없었습니다.

쉬운 싸움이 아니었고 지금도 여전히 싸우는 중입니다. 학대와 이혼이 다섯 아이에게 어떤 영향을 끼치는지 지켜보는 건 쉬운 일이 아닙니다. 용서는 한 번만 하고 마는 게 아니라는 사실도 깨달았습니다. 거듭 확인해야 하는 거더군요. 가끔은 내가 정말 마이크는 용서했는지 의심이 듭니다. 그때마다 큰 싸움을 치러야 하죠. 하지만 압니다. 마이크가 저지른 잘못이 절대 저를 파괴할 수 없다는 것을요.

앞에서 소개한 앤 콜먼도 딸 프란시스의 죽음과 그 사실을 받아들이지 못하고 스스로 목숨을 끊은 아들 대니얼의 죽음을 경험한 뒤 비슷한 결론에 이르렀다. 연이은 비극적 죽음이 '보통' 엄마의 모습을 산산조각 냈지만, 앤은 패배를 인정하지 않고 꿋꿋이 서기로 했다. 이제 앤은 자신의 상처만 만지작거리는 대신 주변 사람들을 돌본다. 그뿐만 아니라 델라웨어 주 사형수들을 상담하는 일에도 자원했다.

그 일은 사형수 아들을 둔 바버라 루이스를 만나면서 시작되었다. 바버라의 아들을 함께 면회한 뒤 두 사람은 다른 수감자들을 방문하기 시작했다.

그렇게 해서 빌리를 알게 되었습니다. 찾아오는 이가 아무도 없어서 아주 외로운 사람이었어요. 그가 어떻게 교수형을 당했는지 생각하면 눈물만 납니다. 증인이 올 때까지 기다린다면서 바람 부는 교수대 위에 15분 넘게 세워놓지 뭡니까. 그 일 후로는 이 일을 더는 계속할 수 없겠다는 생각이 들었습니다.

그다음에 알게 된 소년이 마커스입니다. 아빠는 사형수이고 엄마는 없고 누나 둘마저 잃은 그는 매일 악몽을 꿨습니다. 곧 아버지마저 잃을 것을 알고 있었으니까요.

누구를 미워한다고 제 딸이 살아 돌아오지 않는다는 걸 압니다. 딸아이를 죽인 범인을 잡을 수나 있을지, 그것도 알 수 없습니다. 그러나 어떻게든 치유할 길을 찾아야 합니다. 저는 이 세상에 있는 또 다른 바버라와 마커스를 도우면서 치유의 길을 찾았습니다. 그들을 돌보면서 기대했던 것보다 더 많은 치유를 경험했습니다.

1999년 4월 20일, 콜로라도 주 리틀턴에 사는 브래드와 미스티 버넬은 학생 15명의 목숨을 앗아간 교내 총기 난사 사건으로 딸 캐시를 잃었다. 앤처럼 버넬 부부도 딸의 죽음을 받아들이지 못했다. 어찌 보면 그러지 않는 것이 더 부자연스러운지도 모른다. 부모는 자녀에 대한 기억을 평생 간직하고 싶어 하니 말이다. 진심으로 '용서한다'고 말할 준비도 되어 있지 않다. 하지만 미스티의 말대로 복수할 방법을 찾는 대신 용서하려고 '노력하는 중'이다.

부모나 경찰, 학교 관계자들이 더 일찍 개입했으면 딸을 죽인 학생의 범행을 막을 수도 있었다는 사실에 브래드와 미스티는 더 크게 낙심했다. 하지만 다른 피해 학생의 부모들이 변호사를 고용해서 아이들의 죽음에 누가 책임을 져야 하는지를 따지는 재판에 몰두하며 속을 끓이는 동안에도 버넬 부부는 그런 다툼에 휘말리지 않기로 했다. 딸이 죽고 6개월 뒤 미스티는 책에 이렇게 썼다.

분노는 파괴적인 감정이다. 평안을 통째로 갉아먹고 끝에 가서는 처음 느꼈던 것보다 훨씬 큰 고통을 남긴다. 원한에 사무치면 다른 사람의 위로를 받아들이기도 어려워진다. 내 안에 이런 분노의 씨앗이 전혀 없다는 말은 아니다. (내 안에도 분노의 씨앗이 있다는 걸 잘 안다.) 다만 다른 사람이 그 씨앗에 물을 주게 하지는 않겠다는 것이다.

복수에 대해서도 마찬가지다. 법적 소송이나 그 밖의 다른 방법으로 되갚아주고 싶어 하는 마음은 자연스러운 것이라고 생각한다. 하지만 우리는 캐시를 죽인 아이들의 가족에게는 절대 그렇게 할 수 없었다. 설령 우리가 그 가족들에게 소송을 제기해서 이기고 많은 보상금을 받는다 해도 딸이 살아나지는 못하기 때문이다.

모든 사건이 깔끔한 결말에 이르는 것은 아니다. 리틀턴 사건의 가해자들은 스스로 목숨을 끊었다. 앤의 딸 프란시스의 경우처럼 범인을 잡지 못하는 사례도 있다. 약혼자, 심지어 배우자가 떠난 경우에는 영영 소식을 듣지 못하기도 한다. 앞에서 소개한 매리에타는 딸을 유괴한 범인에게 손을 내밀려고 해봤지만, 그 사람은 이미 도움의 손길이 닿지 못할 정도로 정신적으로 심한 고통을 받고 있었다. 또한 줄리의 예처럼 용서하기 위해 가해자를 대면하는 용기를 내더라도, 정작 가해자는 조금도 미안해하지 않는 경우도 있다. 이렇게 상처가 아물지 않은 사람들은 평생 그 영향을 받으며 살아간다.

불행히도 고통에서 벗어나기 위해 반드시 사과를 받아야 할 이들이 영영 사과를 받지 못하는 경우가 많다. 또한, 여러 해 동안

분을 삭이지 못하고 정의가 실현되기를 애타게 바라지만, 끝내 정의가 실현되는 것을 보지 못할 때도 많다. 분노의 연료는 늘 쓸모없이 허비되고 만다. 하지만 이와 반대로 용서하는 사랑의 마음은 낭비되는 법이 없다. 다음의 이야기가 보여주듯이, 용서로 기운 마음은 그것만으로도 아주 강한 힘을 발휘해서 곳곳에 평화와 희망을 퍼뜨리고, 자신뿐 아니라 여러 사람의 삶에 열매를 맺는다.

댄과 트리샤 넬슨을 처음 만난 것은 한 고등학교 강연회에서였다. 두 사람은 음주 운전 사고로 아들 잭을 잃은 경험을 아주 담담하게 이야기했다. 골프에 재능이 있고 미소로 다른 사람을 무장해제시키던 소중한 아들을 잃은 사람들 같지 않았다. 악몽 같은 기억을 되뇌면서도 분노에 찬 말은 한마디도 하지 않고 위로할 길 없는 울음도 내비치지 않았다. 조용하면서도 힘 있게 청중의 마음을 움직였다. 트리샤의 말이다.

아들의 졸업식을 준비하다가 느닷없이 장례식을 준비해야 하는 상황을 상상해보세요. 제 아들은 자랑스러운 학생이자 골프 팀 주장이었습니다. 학교에서는 익살이 넘쳐서 가는 곳마다 이야기를 주도했고 우스갯소리도 잘했습니다. 웃는 걸 좋아했고 문제가 생기면 미소 하나로 해결할 줄 아는 아이였습니다.

2011년 9월 10일, 잭과 저는 쇼핑을 하러 갔습니다. 쇼핑이 끝나고 제가 아들을 인근 리조트에 데려다주었죠. 아들이 아르바이트를 하는 곳이었어요. 그날 저녁 8시까지 일하고 시내에 있는 친구 집에 가서 차 엔진오일 가는 걸 도와주기로 했다고 하더군요. 잭의 동생 조쉬는 다른 곳에서 놀고 있었고요.

그날 저녁 남편과 저는 친구 생일 파티에 갔습니다. 십 대 아들 둘을 둔 저희 부부는 늘 밤이 늦으면 아이들이 집에 돌아오길 초조하게 기다렸는데, 그날 밤에는 별로 걱정이 되지 않았습니다. 남편이 저녁 10시 15분쯤 잭에게 전화를 했더니 다 잘 되고 있으니 안심하라고 했답니다.

11시가 조금 넘었을 때 우리와 함께 있던 경찰인 친구에게 긴급 호출이 왔습니다. 리조트에서 큰 사고가 났는데, 잭이 관련이 있다고 했습니다.

남편은 리조트로 미친 듯이 차를 몰았습니다. 리조트 근처에 가자 사이렌 소리가 들리더군요. 하지만 잭은 그곳에 없었습니다. 벌써 병원에 실려 갔다고 하더군요. 다시 산 밑으로 차를 몰아서 가장 가까운 병원 응급실로 갔지만, 그곳에도 잭은 없었습니다.

남편이 주차장에서 경찰에게 정보를 알아보려는 사이 앰뷸런스 한 대가 들어왔습니다. 앰뷸런스 운전자가 저희 아들을 이송

했고 그때까지 맥박이 뛰고 있었다고 했습니다. 30킬로미터 정도 떨어진 다른 주(州)의 외상 치료 전문 센터로 이송하고 막 돌아오는 중이라고 했습니다.

그곳에서 겨우 아들을 찾았지만, 이미 뇌사 상태에 빠진 뒤였습니다. 그리고 닷새 뒤, 잭은 숨을 거두었습니다. 자기가 태어난 그 병원에서요.

사건의 전모가 조금씩 드러나기 시작했습니다. 잭은 일을 마치고 시내로 간 것이 아니라 다른 십 대들과 리조트에서 파티를 했던 겁니다. 그렇게 불행이 시작되었죠. 밤 11시쯤, 여섯 명이 작은 차에 구겨 타고 어두운 밤길을 질주했습니다. 안전띠를 맨 사람은 아무도 없었고 운전자도 술에 취해 있었습니다. 그러다 그리 크지 않은 나무를 들이받았는데, 차가 완전히 부서져버린 겁니다. 잭은 차 뒷자리에 여자아이 둘 사이에 앉았고, 무릎에는 다른 여자아이가 앉아 있었답니다. 차가 나무에 부딪히려고 하자, 잭은 무릎에 앉은 여자아이를 구하려고 차 바닥으로 밀고, 자기는 앞좌석으로 튕겨 나가 앞유리에 부딪히고 만 겁니다.

잭의 아버지 댄은 운전대를 잡은 아이에게 분노했지만, 트리샤는 달랐다. 우선 잭이 운전대를 잡지 않은 것에 감사했다. 만약 잭이 그런 사고를 냈다면, 어떻게 그 짐을 감당하며 살겠는가? 트리샤는 잭과 마지막 닷새를 함께 보낼 수 있었던 것에 대해서도 감사했다. 아들 곁에서 머리를 쓰다듬어주고, 목욕을 시키고, 말을 걸고, 화나지 않았다고 아들을 안심시킬 수 있었던 것에 감사했다.

"네가 떠나야 한대도 엄마는 괜찮아"라고 말해주었습니다. 네 엄마가 된 건 일생에서 가장 행복한 일이었다고 말했습니다. 혹시 내가 잘못한 게 있다면 미안하다고, 그래도 최선을 다했고, 다시 엄마 노릇을 하게 된다면 어려웠던 일까지도 기꺼이 다시 할 거라고 말해주었습니다.

남편과 저에게 의미 있고 감사한 일이 하나 더 있습니다. 사고가 나고 이틀 뒤 잭의 친구들이 산 정상에 세워진 주먼빌의 십자가 곁에서 대규모 기도회를 열었습니다. 산 정상에서 불을 밝힌 십자가는 수십 킬로미터 떨어진 곳에서도 볼 수 있었습니다.

기도는 저녁 9시 30분까지 이어졌는데, 바로 그 순간 잭이 왼쪽 팔을 천천히 길게 뻗었다가 무슨 손짓을 하려는 듯 멈추더니 천천히 내려 배 위에 올려놓더군요. 마지막 닷새 동안 그렇게 움직인 건 그게 처음이었습니다. 의사는 신경 반응 때문에 그랬을 거라고 했지만, 저는 그 손짓을 일종의 신호로 받아들였습니다.

트리샤는 응어리진 마음을 풀려고 갖은 애를 썼지만, 쉽지 않았다. 그게 어디 쉬운 일이겠는가? 하지만 트리샤는 오직 용서만이 앞으로 나아갈 길을 내준다는 사실을 분명히 알고 있었다. "운전대를 잡은 아이의 잘못은 없어지지 않을 겁니다. 우리가 용서한다고 해서 책임이 없어지는 건 아니니까요. 하지만 우리의 증오가 그 아이에게 내리는 형벌이 되게 하지는 않을 겁니다." 왜 그런 생각을 하느냐고 묻자 트리샤는 이렇게 답했다. "장기적으로 증오는 우리 자신에게 상처를 남길 뿐이니까요."

댄과 트리샤는 용서로 가는 길이 사실은 치열한 전투라고 고백했다. 운전대를 잡은 아이뿐 아니라 아들 잭 때문이다. 사실 트리샤는 그것이 가장 큰 싸움이었다고 말한다. 잭은 두 사람에게 가장 소중한 존재였기 때문이다.

평생 씨름해야 할 겁니다. 마지막 순간에 용감한 행동을 하기는 했어도, 그날 저녁에 잭이 내린 결정은 그렇지 못했으니까요. 우리의 가르침과는 정반대되는 행동이었죠. 쓸데없이 자신을 위험에 빠뜨렸어요. 솔직히 지금도 그것 때문에 화가 치밀어요. 제게 마지막으로 했던 말, 친구 차를 고치는 걸 도우러 간다는 말이 거짓이었으니까요. 하지만 아들이 떠났고 지금은 다른 곳에 있다는 현실을 받아들여야 합니다. 원망하고 책망하는 마음만 가지고는 살 수 없으니까요. 모두 내려놓아야 합니다. 그러지 않으면 평화를 얻을 수 없습니다.

한번 이런 생각을 한다고 되는 게 아니라는 것을 잘 압니다. 진정한 마음의 평화를 찾기 위해 계속해서 싸울 겁니다.

일상 속의 용서

사랑한다는 건 상처받을 각오를 한다는 뜻이다.
천국 외에 사랑할 때 찾아오는 온갖 위험과 혼란에서
완벽하게 안전한 곳이 있다면 그곳은 지옥이다.

C. S. 루이스

모든 사람이 살인자를 용서해야 하는 상황에 직면하는 것은 아니지만 매일, 아니 하루에 열댓 번은 배우자나 자녀, 친구나 동료를 용서해야 하는 상황에 직면한다. 큰일을 겪을 때보다 일상 속에서 용서하는 것이 더 쉬울 수는 있겠지만, 그렇다고 덜 중요한 것은 아니다. 윌리엄 블레이크는 〈독나무*A Poison Tree*〉라는 시에서 사소한 원한이 얼마나 치명적인 열매를 맺을 수 있는지 잘 보여준다.

친구에게 화가 나서

화를 냈더니, 화가 사라졌다

적에게 화가 나서
속으로 삼켰더니, 점점 자라났다

밤낮 눈물을,
두려움의 눈물을 주고
부드러운 거짓 미소와 속임수를
비춰주었다

분노는 밤낮으로 자라나
붉은 사과 한 알을 맺었다
빛나는 사과를 본 나의 적은
그 사과가 나의 것임을 알아보았다

밤이 북극성을 가리자
적은 내 뜰에 들어와 사과를 훔쳤고
아침이 밝았을 때
나무 밑에 쓰러진 적을 보고 나는 기뻐했다.

블레이크의 나무를 키운 씨앗은 일상의 사소한 유감이다. 너무 작아서 있는 줄도 모르고 지나치기 일쑤지만, 일부러 돌보지 않아도 시간이 지나면 싹을 틔운다. 그러므로 아주 사소한 유감이라도 마음에 뿌리를 내리고 자라기 전에 바로 걷어내야 한다.

나는 어렸을 때부터 사소한 유감을 품지 않는 법을 배워야 했다. 어린 시절은 행복한 기억이 대부분이지만, 가끔은 즐겁지 않은 경험도 해야 했다. 병치레가 잦던 나는 태어난 지 얼마 안 되어 뇌수종을 앓았다. 의사는 내가 영영 걸을 수 없을 거라고 했다. 다행히 두 돌 반이 지나면서 걷기 시작했지만, 내 병명을 안 반 친구들은 나를 '물 머리'라고 놀렸다. 이 별명 때문에 가장 크게 상처받은 사람은 부모님이었지만, 나 역시 몹시 기분이 나빴다.

여섯 살 때는 다리에서 큰 종양을 제거하는 수술을 받았다. 그러나 그 수술은 그 후 30년간 받게 될 수많은 수술의 시작일 뿐이었다. 2시간에 걸쳐 수술을 받는 동안 나는 2차 감염의 위험에 시달렸다. 그때 우리 가족은 파라과이 오지에서 살고 있었고, 항생제도 없는 시절이었다. 수술이 끝나고 꿰맨 다리로 집까지 걸어가야 했다. 목발을 건네는 사람도 마차를 태워주는 사람도 없었다. 절뚝이며 집에 오는 나를 맞이하던 아버지 표정이 지금도 눈에 선하다. 아무 말도 하지 않았지만, 무척 놀라신 것 같았다.

부모님은 한 번도 다른 사람에 대해 나쁘게 말한 적이 없었고, 우리에게도 그렇게 가르치셨다. 그래도 자녀 중 누군가가 교사나 다른 어른에게 부당한 대우를 받는다고 느낄 때는 힘들어하셨다. 그럴 때도 살면서 겪게 되는 사소한 유감이나 모욕감을 이겨내는 길은 용서뿐이라고 말씀하셨다.

내가 열네 살이 된 해에 우리는 미국으로 이주했다. 남미 정글에 살다가 뉴욕 주에 있는 고등학교에 다니는 건 어마어마한 변화였다. 영어가 가장 큰 산이었지만, 그것 말고도 넘어야 할 산이 많았다. 모든 것이 어색하고 서툴렀다. 게다가 나는 수줍음이 많은 아이였다. 한마디로 자존감이 매우 낮았다.

아이들은 본래 친구들에게 인정받고 싶어 한다. 나도 그랬다. 친구들이 나를 받아주길 간절히 바랐고 녀석들을 기쁘게 하는 일이라면 뭐든지 했다. 그런데 우리 반의 대장이 자꾸 나를 놀렸다. 나도 지지 않고 되받아쳤다. 내가 자기를 놀리는 소리를 듣고 뒤를 돌아보는 녀석의 면전에서 마구 비웃어주었다. 그 대가는 코피였다.

스무 살 무렵에는 더 심한 거절감과 싸워야 했다. 결혼을 약속한 여자가 내게 등을 돌리고 이별을 통보했다. 상처 입은 자존심을 추스르고 그녀를 용서하기가 쉽지 않았다. 헤어지려는 이유를 도무지 이해할 수 없었다. 나중에는 내가 무언가 잘못한 게 분명하다고 확신했다. 내가 서툴고 적응도 잘 못해서 그런 거라고 생각했다. 나를 떠난 그녀뿐 아니라 나 자신 역시 용서해야 했다.

몇 년 뒤에도 나의 희망은 물거품이 되었다. 사귀던 여자가 몇 달 만에 이별을 통보했다. 나의 세상은 내 눈앞에서 무너져내렸고, 나는 그 이유가 알고 싶었다. 대체 내가 뭘 잘못한 건데?

같은 일을 두 번이나 겪게 되자 감정을 추스르고 자신감을 회복하기까지 시간이 오래 걸렸다. 아버지는 꼭 맞는 배우자를 찾게 될 거라고 나를 안심시키셨다. 그리고 몇 년 뒤 아버지의 말이 현실이 되었다.

일상에서 용서를 실천하려 할 때 가장 큰 난관 중 하나는 가까운 사람에게 내가 느끼는 감정을 솔직하게 인정하는 것이 아닐까 싶다. 다시 볼 일이 없는 상대를 용서하는 것도 힘들지만, 평소에 사랑하고 신뢰하는 사람을 용서하는 것이 더 힘들다. 가족과 친구, 그리고 가까이서 함께 일하는 사람들은 우리의 강점뿐 아니라 약점과 실수, 변덕스러움을 아주 잘 안다. 그런 사람에게 상처를 받으면 쉽게 무너지기 마련이다. 지금은 우리 교회의 일원이 된 전직 사업가 클레어 스토버도 그런 경험을 했다.

동업하던 광고회사를 그만두고 다른 주州로 옮기면서 10년 동안 함께 일한 동료와 관계를 정리해야 했습니다. 그런데 동료 부부와 15년간 아주 가깝게 지낸 데다 같은 교회를 다니는 탓에 여러 가지로 복잡했습니다. 시간이 흐르면서 차츰 사이가 벌어져 더는 함께 일할 수 없다고 느끼던 차였죠.

자산을 어떻게 나눠야 공평한지 자문해주는 사람이 아무도 없었습니다. 겉보기에만 공평해 보이는 수준이 아니라 양심에 아무 거리낌이 없었으면 해서 상당히 관대한 배분 안案을 제시했습니다. 하지만 제 동료는 상황을 전혀 다른 각도에서 보고 있었습니다. 제가 사업을 그만두고 싶다고 말한 날부터 저와 말을 하지 않았습니다. 업무를 완전히 인계하기까지 그로부터 두 달이 더 걸렸습니다. 지루하고 삭막하고 씁쓸한 시간은 분노에 찬 말과 함께 흘러갔습니다.

결국 제가 회사를 떠나는 당일까지 합의서에 서명을 하지 못했습니다. 양쪽에서 변호사를 고용했지만, 진흙탕 싸움밖에 되지 않았죠. 그래서 제가 제3자의 중재를 요청했습니다. 그러자 제 동업자는 그 중재자를 물리고 우리가 7년간 함께 일한 회계사에게 자문을 구했습니다. 자신의 미래가 사업을 계속할 제 동업자에게 달려 있다는 사실을 알아차린 회계사는 제가 회사를 떠나는 걸 몹시 어렵게 만들었습니다.

최종 합의에 이르기까지 제안서와 수정안이 수도 없이 쏟아졌습니다. 결과적으로 저는 일 년치 회사 수입의 절반을 보상금으로 물어내야 했습니다. 제가 배당받은 수익은 고작 반 년치뿐인데 말입니다. 그뿐 아니라 동업자가 내야 할 세금 5만 달러도 제가 내줘야 했죠.

회계사와 동업자가 미리 짜고 일을 그렇게 처리한 사실을 알았을 때는 너무 화가 난 나머지 며칠 동안 잠을 못 잤습니다. 둘

이서 짜고 저를 박살 낸 거였습니다. 살면서 힘든 일을 꽤 많이 겪었지만, 아마 그때처럼 상처와 울분으로 뒤척이며 잠을 못 이룬 적은 없을 겁니다. 그 생각만 하면 분노가 머리끝까지 차올라서 온몸이 떨릴 정도였으니까요.

그런 제게 한 친구가 묻더군요. "뭘 그렇게 화를 내? 겨우 돈 문제 가지고." 울컥 화가 치밀었습니다. 네, 맞습니다. '겨우' 돈 문제였죠. 사실 그때 꼭 그 돈이 필요했던 것도 아닙니다. 하지만 결코 적지 않은 돈이었고, 제 돈을 그자들이 속여서 빼앗은 겁니다. 결국 세금 문제를 피할 수 없어서 울며 겨자 먹기로 수표에 서명했습니다. 나중에 하나님이 복수해주길 바라는 마음으로요.

용서하기까지 여러 해가 걸렸습니다. 징검돌을 하나씩 디디며 개울을 건너는 것과 같았습니다. 어느 날 밤 혼자 운전을 하며 가다가 첫 번째 걸음을 디뎠습니다. 용서에 관한 노래가 라디오에서 흘러나왔는데, 가수가 노래하기 전에 가사에 대해 몇 마디 하더군요. 우리가 상처를 얼마나 애지중지하며 찬장에 보관했다가 수시로 꺼내서 들여다보고 만지작거리는지, 우리가 얼마나 자기 연민을 정성스레 돌보는지에 관해서요.

마지막 가사가 좀 뜻밖이었습니다. 우리는 흔히 자기에게 상처 준 사람을 가두어두었다고 생각하는데, 감옥에 갇힌 사람의 얼굴을 자세히 들여다보면 사실은 자기 얼굴이라고 했습니다.

그 순간 용서만이 제 삶을 지탱할 유일한 열쇠라는 생각이 들었습니다.

마음을 가만히 들여다보다가 동업자가 저를 비방한 것보다 돈을 놓고 저를 속인 것에 제가 더 큰 상처를 받았다는 사실을 깨달았을 때 두 번째 걸음을 옮길 수 있었습니다. 돈 때문에 제 삶을 이렇게 만들었다는 것이 부끄러워지더군요.

세 번째 걸음은 일 년 뒤 새로운 곳에서 새로운 삶을 시작할 즈음에 내디뎠습니다. 옛날 동업자를 잘 아는 친구와 이야기를 나누고 있었죠. "너, 그 친구 용서했어?"라고 묻더군요. 전 별 생각 없이 "당연하지"라고 대꾸했습니다. 그런데 그 친구는 그 대답으로 만족이 되지 않았는지 더 깊이 따지고 들었습니다. 그러면서 우리 두 사람의 앞날을 위해 용서가 아주 중요하다고 했습니다. 그와 내가 동업할 일이 다시는 없다 하더라도 말입니다. 동료를 용서하지 않으면 그 사람의 미래를 가로막게 되고, 같은 방식으로 저의 미래도 상처받는다고 하더군요. 그래서 제가 물었습니다. "그러면 용서는 어떻게 이루어지는데?" 친구는 용서를 '선물'로 묘사했습니다. 우리가 용서하려고 하는 만큼 용서할 수 있지만, 궁극적으로 용서가 우리에게 주어져야 한다고 했습니다. 내키지는 않았지만, 의지를 가지고 용서를 하기 시작했습니다. 돌이켜보면 그때까지도 저는 용서를 빌어야 할 사람은 내가 아니라 동업자라고 생각했던 것 같습니다.

마지막 걸음은 내면을 들여다보는 깊은 영적 성찰 가운데 내디뎠습니다. 그동안 잘못한 일을 모두 바로잡고 하나님 앞에 백지 상태로 서려고 하는데, 아무 진전이 없었습니다. 더는 바로잡을 일도 없는 것 같은데 말입니다.

그런데 불현듯 앞을 가리던 무거운 커튼이 열리는 기분이 들었습니다. 잘못은 바로 저에게 있었습니다. "둘 다 잘못이 있다"라고 뭉뚱그려 말할 것이 아니라, 제가 동업자와 주변 사람들에게 큰 잘못을 저질렀다고 솔직하게 인정해야 했던 겁니다. 곧바로 책상 앞에 앉아서 동업했던 친구에게 편지를 쓰기 시작했습니다. 제가 그를 얼마나 미워했는지 고백하고 용서를 구했습니다. 편지를 보내고 얼마나 홀가분했는지 모릅니다. 답장과 상관없이 저는 분노에서 해방되었습니다.

한 달쯤 지나서 제게 용서에 대해 말했던 친구가 전화로 정말 용서했느냐고 묻기에 "정말 용서했어. 이제는 홀가분해"라고 답했습니다. 그러자 그가 이렇게 말하더군요. "그런 거 같더라. 그 친구가 전과 다르게 자유로워 보였거든."

나의 아버지는 십 대 때부터 다른 이의 말에 귀를 기울이고 상대방의 장점을 먼저 생각하는 분이었다. 이런 기질은 나중에 목회

자로서 상담 사역을 할 때 큰 도움이 되었다. 아버지는 고압적이지도 않으셨고 꾸밈도 없었다. 섣부른 충고를 하기보다는 어려움을 토로하는 상대방의 이야기를 가만히 들으셨고, 끝에 가서야 개인적인 직관을 말씀하시거나 용기를 북돋으시곤 했다.

사람들은 이야기를 나누러 아버지를 찾아왔다. 무거운 이야기를 털어놓는 이가 많았다. 그저 자기 이야기를 들어주는 사람이 필요한 사람들도 있었다. 사람들은 자기가 어떤 이야기를 하든 아버지가 시간과 마음을 내서 들어줄 거라는 사실을 알았다. 그런데 안타깝게도 아버지를 시기하던 몇몇 동료가 이런 신뢰를 이용해 아버지를 곤경에 빠뜨렸다.

내가 태어났을 무렵 아버지는 신장이 나빠져 괴로워하셨고 내가 자라면서 증세는 더 악화되었다. 우리가 살던 밀림 지역은 육체적으로 힘이 드는 지역이었다. 열대성 질병이 만연했고 유아 사망률도 높았다. 그뿐 아니라 전쟁 중인 유럽에서 피난 온 사람들이 모인 우리 공동체에서는 긴장과 갈등이 끊이지 않았다.

이런 상황에서 공동체 리더가 된 아버지의 책임은 막중해졌고, 그 부담은 건강에 좋지 않은 영향을 끼쳤다. 몇 주째 건강이 계속 나빠지다가 급기야 의사들이 앞으로 40시간 이상 버티지 못할 거라는 진단을 내리기도 했다. 아버지는 최악의 경우를 생각하고 공동체 식구 전체가 모인 자리에서 세 사람에게 당신의 책무를 넘기셨다. 그 세 사람 중에는 아버지의 매부도 계셨다.

아버지는 기적적으로 건강을 회복하셨다. 그러나 공동체의 새 리더들은 자기들이 맡은 책무를 아버지에게 다시 돌려주는 대신 아버지의 시간은 이미 끝났다고 선언했다. 공동체의 빡빡한 일정을 소화하기에는 건강이 너무 악화되었다는 의사들의 진단이 있었다고 주장했다.

사실 의사들은 몇 주간 안정을 취하라고 권했을 뿐인데, 아버지가 목회 사역에서 물러나길 바라는 동료가 이야기를 부풀렸던 것이다. 건강이 최악으로 나빠졌을 때 아버지가 헛것을 보고 기괴한 꿈을 꾸었던 것을 증거로 들이대며 정서적으로 불안정한 상태가 아니냐고 몰아붙였다. 환각에 대해 자초지종을 설명하라고 요구하기까지 했다. (30년이 지난 뒤에야 의사에 의해 환각의 원인이 밝혀졌다. 환각은 아버지에게 정기적으로 투여된 브롬화물이라는 진정제의 부작용이었다.) 아버지는 반격하는 성격이 아니었다. 그래서 동료의 주장을 순순히 받아들이고 지역 병원에서 새로운 일자리를 구하셨다.

그런데 얼마 지나지 않아 새로운 문제가 터졌다. 믿음과 상호 섬김, 형제애를 바탕으로 세워진 공동체가 법과 규칙을 앞세우는 관료 집단으로 변질되었고, 이를 우려한 부모님은 공동체 식구 몇 사람과 함께 목소리를 내기 시작했다. 그러나 귀를 기울이는 사람이 별로 없었다. 리더들은 그러한 문제 제기를 분열을 조장하는 시도라며 아버지를 포함한 멤버 몇 사람을 공동체에서 제명했다.

취리히에서 농업을 공부한 숙련된 농부인 아버지도 일자리를 구하는 데 애를 먹었다. 나치를 거리낌 없이 비판한 탓에 히틀러에 동조하는 지역의 독일 이민자들에게는 경계 대상이었다. 반대로 영국과 미국에서 이민 온 사람들은 독일인이라는 이유로 꺼렸다. 결국 아버지는 나환자촌에서 농장을 관리하는 일을 얻었다.

1940년대에는 나병 치료제가 없었다. 그래서 그곳에서 일하면 아내와 아이들을 영영 못 볼지도 모른다는 경고를 받았다. (당시 사람들은 나병이 전염된다고 믿었다.) 일자리가 간절했던 아버지에게는 다른 선택지가 없었다.

그렇게 여러 달이 지난 뒤, 공동체에 다시 합류해도 좋다는 허락이 떨어졌다. 아버지가 돌아오시던 날 나는 기뻐서 어쩔 줄 몰랐다. 아버지를 보자마자 달려가 품에 안겼다. 아버지 어깨에 매달려 집으로 걸어오면서 나는 지나는 사람들에게 외쳤다. "아버지가 집에 오셨어요!" 그러나 사람들의 표정은 냉담했다. 몇 년이 지나서야 알게 된 사실이지만, 그때 아버지는 공동체에 돌아와도 좋다는 허락은 받았으나 용서는 받지 못하셨던 것이다.

그 시절에 겪어야 했던 고통은 분명 부모님에게 깊은 상처를 남겼을 것이다. 그런데도 두 분은 절대 원한을 품지 않으셨다. 내가 수년이 지나서 그때 무슨 일이 있었는지 알게 된 것도 부모님을 통해서가 아니라 다른 사람들을 통해서였다. 그때 왜 자신을 변호하지 않았느냐고 묻자 아버지는 이렇게 말씀하셨다. "수십 번 배신당하더라도 분노와 불신 속에 사는 것보다 용서를 선택하는 것이 언제나 낫단다."

나는 아버지의 이런 태도에 깊은 감동을 받는 한편 깜짝 놀랐다. 만약 내가 똑같은 취급을 받았다면, 나는 어떻게 반응했을까? 1980년에 그 답을 얻었다. 어느 날, 교회에서 내게 10년 동안 아버지를 보좌해온 장로직을 내려놓으라고 했다. 이유가 무엇인지 정확히 알 수 없었다. 40년 전에 아버지를 공동체에서 추방했던 것과 비슷한 불화와 시기가 있는 것 같았다. 늘 나를 칭찬하고 용기를 북돋아주던 친구와 동료, 심지어 가까운 친척 몇 명까지 내가 하는 모든 일에서 흠을 잡으려고 했다.

혼란스럽고 화가 나서 반격하려고 했다. 그때 아버지는 큰 공동체 네 개의 책임을 맡은 장로였고, 그래서 어느 때보다 나의 도움이 필요했다. 게다가 어머니가 암으로 돌아가신 지 얼마 되지 않은 때였다. 내가 무얼 잘못한 건지 도무지 알 수 없었다. 내가 지나치게 솔직한 사람인 것은 사실이다. 특히 외교적인 수사가 일의 본질을 가린다고 믿을 때는 더 솔직하게 이야기하곤 했다. 물론 그런 이야기를 교회의 모든 사람이 반기는 것은 아니었다. 그래도 늘 사려 깊게 행동하려고 했는데, 도대체 이게 무슨 일이란 말인가! 나에 대한 잘못된 판단을 바로잡고 '정당한' 나의 자리를 찾고 싶은 마음이 끓어올랐다.

하지만 아버지는 나의 반격을 돕지 않으셨다. 오히려 우리가 죄 지은 것을 용서받으려면 다른 사람이 우리에게 죄 지은 것을 용서해야 한다는 예수님의 산상수훈을 들려주셨다. 결국 우리는 다른 사람이 우리에게 한 일이 아니라 우리가 다른 사람에게 한 일에 대해 해명해야 한다는 말씀이었다.

순간 나에게는 아무 잘못이 없다는 생각이 무너졌다. 내가 교회의 여러 멤버에게 원한을 품고 있다는 사실이 보이기 시작했다. 내가 할 일은 자신을 정당화하는 것이 아니라 하나님 앞에 무릎 꿇고 용서를 구하는 일이었다. 그래야만 용서할 힘을 얻을 것 같았다.

그 순간 마음 깊은 곳에서 댐이 터지는 것 같은 느낌이 들었다. 전에는 상처받은 자존심 때문에 괴로웠는데, 이제는 모든 것을 새로운 눈으로 보게 되었고 모든 것이 작은 일로 여겨졌다.

얽힌 관계를 풀고 그동안 있었던 긴장과 갈등에 대해 책임을 지려고 굳게 결심한 뒤에 내가 과거에 상처를 주었다고 생각한 사람들을 모두 찾아가 용서를 구했다. 한 사람 한 사람 찾아갈 때마다 내 가슴을 얽어매고 있던 매듭이 하나씩 풀려나갔다. 종국에는 새사람이 된 것 같은 기분이 들었다.

내게는 그해가 아주 고통스러운 시간이었지만, 또한 잊지 못할 교훈을 얻은 아주 중요한 시간이었다. 그때 내가 얻은 교훈은 이렇다. 첫째로, 사람들이 나를 오해하거나 부당한 비난을 해도 괜찮다. 중요한 건 하나님 앞에 내가 바로 서는 것이다. 둘째로, 용서하려는 마음을 항상 간직해야 하는 것은 맞지만 용서가 반드시 의지만으로 되는 것은 아니다. 자신 역시 연약하며 도움이 필요한 존재임을 인정하고, 스스로 용서를 경험할 때에만 용서할 수 있는 큰 힘을 얻게 된다. 끝으로, 용서가 결실을 보려면 용서가 자라는 토양인 마음이 부드러워져야 한다. 마음이 딱딱하게 굳어서 겸손과 연약함을 거부하면, 용서는 아무 결실도 맺지 못하고 공허한 몸짓에 그치고 만다.

겸손과 연약함은 쉽게 얻을 수 있는 덕목이 아니다. 내 경험에 따르면, 그것은 노력과 연습, 인내와 고통 뒤에 찾아온다. 겸손과 연약함이 없는 삶은 더 비참할 뿐이다. M. 스캇 펙이 말한 대로다.

거듭 고통당할 각오를 하지 않고는, 억압과 절망, 두려움과 공포, 비탄과 슬픔, 분노와 용서의 고통, 혼란과 의심, 비판과 거부를 경험하길 무릅쓰지 않고는 풍요로운 삶을 살 길이 없다. 이런 감정의 격변이 없는 삶은 우리 자신뿐 아니라 다른 사람에게도 아무 유익을 주지 못한다. 상처받을 각오를 하지 않고는 아픔을 치유할 길이 없다.

결혼과 용서

사람들이 갈등하는 부부에게 조언을 부탁할 때마다 이렇게 말합니다. "기도하고 용서하세요." 가정 폭력을 경험한 청소년에게도 "기도하고 용서하라"고 말합니다. 도와줄 가족이 없는 미혼모에게도 "기도하고 용서하세요"라고 말합니다.

마더 테레사

수년에 걸쳐 결혼 상담을 하면서 남편과 아내가 매일 서로 용서하지 않으면 결혼이 생지옥이 될 수도 있다는 사실을 거듭 깨닫는다. 그러나 얽히고설킨 결혼 생활이 단순한 한마디로 쉽게 풀리는 것도 숱하게 보았다. 그 한마디는 바로 "미안해요"다.

배우자에게 용서를 구하는 것은 결코 쉽지 않다. 낮아져야 하고 자신의 연약함과 실패를 인정해야 하기 때문이다. 하지만 용서는 결혼 생활을 건강하게 만든다.

나치 정권에 저항한 죄목으로 감옥에 갇혀 생을 마감한 독일인 목사 디트리히 본회퍼는 공동체 일원들에게 '용서하며 더불어 사는 삶'을 늘 강조했다. 용서하지 않으면 인류 공동체는 물론이고 두 사람의 결혼 생활조차 불가능하기 때문이다. 본회퍼는 이렇게 썼다. "권리를 주장하지 마십시오. 상대방을 탓하거나 판단하거나 비난하지 마십시오. 상대방의 잘못을 끄집어내려고도 하지 마십시오. 있는 모습 그대로 받아들이고 매일 진심으로 용서하십시오."

42년을 함께하며 아내 버레나와 나 역시 용서하려는 의지를 시험받는 일이 숱하게 많았다. 첫 번째 위기는 결혼하고 일주일 만에 찾아왔다. 그날 우리는 부모님과 누이들을 저녁 식사에 초대했다. 아내는 오후 내내 요리했고, 나는 예술가인 누나가 만들어준 접시 세트로 상을 차렸다.

가족들이 도착하고 자리에 앉아 식사를 하는 와중에 테이블 양쪽 끝이 갑자기 주저앉았다. 양쪽을 늘려서 쓸 수 있는 식탁인데, 내가 고정 핀을 제대로 끼우지 않았던 것이다. 엎질러진 음식과 깨진 접시 조각으로 바닥은 아수라장이 되었고 아내는 방으로 들어가 눈물을 흘렸다. 몇 시간이 지난 뒤에야 아내는 나를 겨우 용서했고, 그제야 우리는 함께 웃을 수 있었다. 그날의 일은 우리 가족의 전설이 되었다.

자녀가 여덟이나 되다 보니 의견이 맞지 않아 충돌하는 일이 잦았다. 매일 저녁, 버레나는 아이들을 목욕시키고 소파에 앉혀놓고 내가 올 때까지 기다리게 했다. 내가 일을 마치고 집에 오면 아이들이 좋아하는 그림책을 읽어줄 수 있게 준비한 것이다. 하지만 내가 집에 돌아오면, 아이들은 나와 함께 밖에 나가서 뛰어놀고 싶어 했다. 우리는 뜰과 정원을 뛰어다니기 일쑤였고, 흙투성이가 된 아이들을 씻기는 건 늘 아내의 몫이었다. 아내가 불평하는 건 당연했다.

아이들 대부분이 천식을 앓았고 거의 밤마다 기침을 하며 숨을 쌕쌕거렸다. 그 때문에 우리 부부는 자주 잠에서 깼다. 이것 또한 긴장의 원인이 되었다. 아내는 나도 밤에 일어나 아이들을 돌봐줄 수 있지 않느냐고 했다.

내가 밖에서 하는 일을 두고도 충돌이 있었다. 출판사 판매 부서에서 일하는 탓에 나는 길에서 많은 시간을 보냈다. 나는 뉴욕주 버팔로, 로체스터, 시러큐스 등을 담당했다. 우리 집에서 차로 6-8시간 정도 떨어진 곳이었다. 나중에는 캐나다와 유럽, 아프리카, 심지어 호주에 가야 할 일도 생겼다. 그때마다 나는 아주 중요한 출장이라고 항변했지만, 매번 출장 가방을 챙겨주고 아이들과 함께 집에 남아야 했던 아내는 쉽게 공감하지 못했다.

그때 〈뉴욕 타임스〉 사건이 터졌다. 장시간 운전을 마치고 집에 돌아온 나는 아이들이 옆에서 놀게 놔두고 다리를 길게 뻗고 신문을 보며 한숨 돌리고 있었다. 그래도 별로 문제될 게 없다고 생각했다. 아내 역시 온종일 일했다는 사실에는 마음을 쓰지 않았다. 그래서 아내가 그 사실을 상기시키자 성을 냈다.

서로 용서하는 법을 처음부터 배우지 않았다면, 지금쯤 우리의 결혼 생활은 어떻게 되었을까 하는 생각을 종종 한다. 세상에는 함께 잠자리에 들면서도 마음을 나누지 못하는 부부가 많이 있다. 두 사람 사이에 원망이라는 벽이 세워져 있는 경우가 많다. 그 벽을 쌓아올린 벽돌은 대개 아주 사소한 것들이다. 기념일을 잊었거나, 서로 오해를 했거나, 업무상 모임을 오래 전부터 계획했던 가족 외출보다 더 중요하게 생각했을 때마다 벽돌이 하나씩 쌓였을지 모른다.

서로 완벽해지길 기대해서는 안 된다는 사실을 받아들이기만 해도 많은 결혼 관계를 구제할 수 있다. 의견 차이가 전혀 없는 관계를 건강한 부부 관계로 착각하는 부부가 너무나 많다. 그런 비현실적인 기대를 품고 있는 탓에 서로 솔직한 감정을 표현하지 못하고 억누르다가 어느 순간 환멸을 느끼고는 '성격 차이'를 이유로 갈라선다.

인간은 완벽하지 않다. 이 말은 누구든 실수하기 마련이고 알게 모르게 서로에게 상처를 줄 수 있다는 뜻이다. 그때 유일한 해결책은 용서뿐이다. 필요하다면 일흔 번씩 일곱 번이라도 용서해야 한다. C. S. 루이스는 이렇게 썼다.

매일 벌어지는 일상의 성가신 도발을 어떻게 용서해야 하느냐고요? 군림하는 시어머니, 못살게 구는 남편, 잔소리 심한 아내, 이기적인 딸, 속이려 드는 아들을 어떻게 용서해야 하는지 물으시는군요. 우리가 어디에 서 있는지 기억하고, 매일 저녁 기도할 때 하는 말을 그대로 실천하면 됩니다. "우리가 우리에게 죄 지은 자를 사하여 준 것같이 우리 죄를 사하여 주옵시고."

용서의 힘은 장모님(마그릿)과 장인어른(한스)의 경험에 훌륭하게 녹아 있다. 한스는 고집이 아주 센 남자였다. 좀처럼 굽힐 줄 모르는 성격 탓에 부부가 별거를 해야 했던 적이 한두 번이 아니다.

열렬한 반反군국주의자였던 한스는 스위스군의 징집 명령을 거부했다. 그 덕분에 1929년 결혼한 지 몇 달 만에 감옥에 갔혔다. 그런데 한스가 감옥에서 나온 지 얼마 안 되어서 부부는 다시 떨어져 살게 되었다. 마그릿은 우리 조부모님이 설립하신 신앙 공동체에 들어가고 싶어 했지만, 한스는 관심이 없었다. 막 첫 아이를 낳은 마그릿은 남편에게 함께 공동체에 들어가 살자고 간청했다. 하지만 한스는 좀처럼 마음을 바꾸지 않았다. 여러 달이 지난 다음에야 마그릿에게 겨우 설득당했다.

그로부터 30년이 지나고 11명의 자녀를 둔 다음에 두 사람은 또 헤어졌다. 교회 공동체에 했던 헌신의 약속을 두고 서로 의견이 달랐기 때문이다. 한스는 부에노스아이레스로 가서 그곳에서 11년을 지냈다. 마그릿은 버레나를 포함한 대부분의 자녀를 데리고 미국으로 이주했다.

겉보기에는 크게 응어리진 것이 없어 보였지만, 치유의 징후도 좀처럼 보이지 않았다. 천천히 쌓아올린 벽이 두 사람 사이를 평생 갈라놓을 것 같았다. 1966년에 버레나와 내가 결혼했을 때도 장인어른은 결혼식에 참석하지 않았다.

1972년, 나는 버레나의 오빠 안드레아스와 함께 부에노스아이레스로 갔다. 화해를 주선할 요량이었는데, 장인은 아무 관심이 없었다. 적어도 처음에는 그랬다. 장인어른은 과거에 자신이 어떤 일을 당했는지 우리가 똑똑히 알기를 바랐다. 얼마나 상처를 많이 받았는지도 알아주기를 바랐다. 그러다 우리가 떠나기 전날에 변화가 일어났다. 대뜸 미국을 방문하겠다고 했다. 하지만 2주간만 머물 것이고 돌아올 항공권도 가지고 있다고 강조했다. 그래도 변화가 시작된 것만은 분명했다.

미국에 오긴 했지만 상황은 실망스러웠다. 도무지 용서를 못 하셨기 때문이다. 과거의 오해를 하나씩 풀고 오랫동안 헤어질 수밖에 없었던 책임을 받아들이도록 애를 썼지만 아무 소용이 없었다. 사실, 장인어른은 용서하지 못하는 자신의 마음이 우리 사이를 가로막고 있다는 걸 잘 알고 있었다. 아직 준비가 되지 않은 것이 문제였다.

그러다 어느 순간 심경에 변화가 생겼다. 지지부진하게 말씨름을 이어가던 때였다. 폐암으로 투병 중이던 삼촌 한스 헤르만이 힘들게 일어나 장인어른에게 다가갔다. 그리고 자신의 가슴을 가리키며 말했다. "한스, 이곳에서 변화가 일어나야 해!" 삼촌은 간신히 그 말을 하고는 기력이 쇠해 힘들어하셨다. 산소통에 연결된 대롱을 코에 연결해서 겨우 숨을 쉬고 계셨기 때문에 제대로 말을 할 수 있는 상태가 아니었다.

한순간에 벽이 무너져내렸다. 차갑게 굳어 있던 장인어른의 마음이 녹아내렸다. 즉시 과거의 일을 모두 용서하고 아내와 아이들 품으로 돌아오겠다고 했다. 그리고 아르헨티나로 돌아가셨다가 모든 걸 정리하고 가족의 품으로 돌아오셨다.

아주 오래 떨어져 지냈지만, 감사하게도 한스와 마그릿의 결혼 관계가 완전히 깨진 것은 아니었다. 한스는 다른 여성을 만나지 않았고, 마그릿은 남편이 돌아오기를 매일 기도했다. 하지만 두 사람이 관계를 회복하기까지는 시간이 필요했고, 그 열쇠는 바로 용서하려는 의지였다. 결국 두 사람은 결혼 관계를 완전히 회복하고, 16년 후 마그릿이 세상을 떠날 때까지 다시 깊은 사랑과 기쁨을 나누었다.

장인어른과 장모님의 경험은 아무리 긴 별거 생활로 상처를 입은 결혼 관계라도 치유할 수 있다는 사실을 보여준다. 하지만 배우자의 부정으로 파탄 난 결혼 관계는 어떻게 해야 할까? 배신당한 아내나 남편에게 상대방을 용서하고 처음부터 다시 시작하도록 용기를 북돋는 것이 과연 타당할까?

3년 전에 결혼 관계가 파탄 난 부부 에드와 캐럴을 상담한 적이 있다. 에드는 결혼 전부터 과음하는 습관 때문에 문제를 일으키곤 했다. 그리고 그 습관은 결혼 초기부터 긴장과 갈등을 유발했다. 하지만 그것 외에 다른 문제는 없었고, 두 사람은 곧 자녀를 얻었다. 아들이 태어났고, 뒤이어 딸이 태어났다. 겉보기에 두 사람은 완벽한 결혼 생활을 하는 것처럼 보였다. 하지만 두 사람의 마음은 점점 멀어지기만 했다. 더구나 에드는 은밀하게 이웃집 여자와 바람을 피우고 있었다.

그로부터 몇 년 뒤 에드와 캐럴은 우리 교회의 일원이 되었다. 그즈음 에드는 자신의 부정을 아내에게 털어놓았고, 뒤이어 내게도 이야기했다. 양심의 가책으로 내면에 평화가 없었고, 그런 비밀을 안고 겉으로 괜찮은 척하면서 살 수가 없었던 것이다.

캐럴은 아무 말도 하지 못했다. 오랫동안 무언가 잘못되었다고 느끼긴 했지만, 남편이 부정을 저지르고 있을 거라고는 상상도

하지 못했다. 분노한 캐럴은 결혼 생활이 끝났음을 알렸고 남편을 절대 용서할 수 없다고 선언했다.

캐럴이 분노하는 것은 충분히 이해할 수 있었다. 하지만 "절대 용서할 수 없다"는 말은 에드를 용서하기 힘들어서라기보다는 공평이나 정의, 또는 '앙갚음'에 대한 생각에서 비롯된 것이었다. 사실 속으로는 사랑하는 남자이자 아이들의 아버지인 에드와 관계를 회복하고 싶은 마음이 간절했다. 하지만 에드가 처음에는 술로, 그다음에는 간통으로 자신을 짓밟은 사실 때문에 좀처럼 분을 삭이지 못했다. 에드는 이미 기회를 놓친 뒤였고, 캐럴은 다시 기회를 줄 마음이 없었다.

에드와 캐럴에게는 문제를 찬찬히 살펴볼 수 있는 시간과 공간이 필요했다. 두 사람은 함께 지낼 수 있는 상황도 아니었고, 단번에 문제를 해결할 비결이 있는 것도 아니었다. 밑바닥에서부터 새로운 관계를 찾아야 했고 그 길은 멀고 고통스러울 것이 분명했다. 그래서 나는 일시적인 별거가 상황을 새롭게 바라볼 수 있는 객관적인 시각을 열어주고 나아가 서로를 향한 처음 사랑을 회복하는 데 도움이 될 것으로 생각했다.

두 사람은 별거에 들어갔고 여러 달에 걸쳐 상담이 이루어졌다. 에드는 자신의 부정이 캐럴에게 얼마나 깊은 상처를 주었는지 들여다보아야 했고, 캐럴은 에드를 용서하지 않으면 상처가 아물 길이 없음을 알아야 했다. 캐럴은 에드의 간통 사실을 알고 남편이 자기를 영영 떠날지 모른다는 생각에 두려웠다는 사실을 인정했다. 그런 일이 일어나지 않게 하려면, 에드를 다시 받아들일 마음이 있다는 것을 분명히 표현해야 했다.

캐럴의 요청으로 두 사람은 전화 통화를 시작했다. 대화 시간이 길어지고 편안해지자 두 사람은 직접 만나기로 했다. 캐럴은 속으로 여전히 갈등했지만, 에드와 다시 시작하고 싶은 마음 또한 간절했다. 남편이 집을 나간 뒤 줄곧 자신과 지냈던 아이들을 위해서뿐 아니라 자기 자신을 위해서도 그렇게 하고 싶었다. 그리고 두 사람의 관계가 멀어진 데는 자신도 책임이 있음을 인정했다. 그 사이 에드는 술을 끊었고 진실하게 결혼 생활을 다시 이어갈 준비가 되었다는 증거를 보여주었다.

결국 에드와 캐럴은 열 달 만에 재결합했다. 새로운 시작을 축하하는 특별한 모임에서 두 사람은 공개적으로 서로를 용서하고, 신성한 혼인 서약을 다시 맺고 밝게 웃으며 새로 준비한 반지도 교환했다.

결혼한 부부 두 쌍 중 한 쌍이 이혼으로 관계를 끝내고 마는 사회에서 우리는 헤어지는 부부를 쉽게 비난하지만, 사실 누구에게도 그럴 권리가 없다. 나는 에드와 캐럴의 사례처럼 침몰하던 결혼 생활이 다시 살아나는 과정을 여러 번 지켜보았다. 그래서 깨어질 위기의 결혼 관계를 얼마든지 회복할 수 있다는 희망을 좀처럼 놓을 수가 없다.

부모와 친구에 대한 용서

과거의 피해자가 되지 않아도 되고, 예전과 다르게 반응하는 새로운 방법을 배울 수 있다는 사실을 알면 자유로워진다. 그렇다고 아는 데서 그쳐서는 안 된다. 용서를 향해 한 걸음 더 나아가야 한다. 용서는 사랑할 줄 모르는 사람들 사이에서 실천되는 사랑이다. 대가를 바라지 않을 때 용서는 우리를 자유롭게 한다.

헨리 나우웬

심리적·신체적·성적 학대를 당하는 아동이 많은 만큼 텔레비전과 라디오, 신문과 잡지에서 그런 소식을 접하는 것은 이제 놀랄 일도 아니다. 하루가 멀다고 온갖 매체에서 선정적인 기사를 쏟아낸다. 토크쇼에 출연한 피해자들은 호기심에 가득 찬, 아니 사실은 이미 그런 이야기에 싫증이 난 대중 앞에서 괴로움을 토로한다. 그런데 이렇게 아픔을 털어내고도 좀처럼 치유를 경험하지 못하는 이유는 무엇일까? 치유는 어디서 어떻게 경험할 수 있는 걸까?

저마다 배경도 다르고 학대 양상도 제각각이니, 일반적이고 보편적인 조언을 늘어놓는 것이 크게 도움이 될 것 같지는 않다. 그러나 아무리 포악한 부모에게 학대를 당한 경우라 하더라도 화해의 가능성을 아예 배제해서는 안 된다. 인간의 영혼은 무참히 짓밟힌 과거가 있더라도 마음의 문을 열면 우리가 사랑이라고 부르는 신비로운 샘에서 다시 희망을 건져 올려서 얼마든지 회복을 경험할 수 있다고 나는 믿는다. 다음에 나오는 이야기들이 바로 그러한 실례다.

던은 미국 동부 애팔래치아 산맥에서 농장을 운영하는 대가족 사이에서 자랐다. 친척까지 40명이 한 집에 살면서 작은 땅을 일구며 빠듯한 살림을 이어갔다. 던의 어린 시절은 참으로 끔찍했다. 사촌들은 서로 목을 매달려고 안달했고 할머니는 말을 듣지 않는 아이들에게 돌소금을 채운 총을 쏘았다.

열 살 무렵 아버지가 새 일자리를 구한 덕분에 던의 가족은 뉴욕 시 롱아일랜드로 이사했다. 경제 사정은 나아졌지만, 가족들과의 관계는 그 반대였다. 얼마 되지 않아 어머니가 아이들과 남편을 버리고 집을 나갔다. 아버지는 아이들에게 수시로 매를 들었고 아이들은 그런 아버지를 두려워했다. 던은 매일 오후 학교 버스를 타고 집 근처에서 내릴 때마다 저녁에는 또 무슨 일이 벌어질까 걱정이 되어 속이 울렁거렸다.

그러던 어느 날, 아버지가 자동차 추돌 사고로 크게 다쳤다. 목 아래를 전혀 움직이지 못했다. 한때 집안의 폭군이었던 사람이 하루아침에 전신이 마비되어 온종일 누군가에게 의존해야만 살 수 있는 존재가 되었다.

그런 상황에 부딪히면 대개는 줄행랑을 칠 텐데, 던은 그러지 않았다. 세상의 눈으로 보면 아버지를 버리고 도망칠 이유가 충분했다. 하지만 던은 여러 해 동안 아버지 곁을 지키며 음식을 먹이고, 씻기고, 입히고, 전신 운동을 시켰다. 인정사정없는 매질로 종종 자신을 기절하게 만들던 그의 팔과 다리를 주물렀다. 결혼해서 자신의 가정을 꾸린 던은 간호사를 구해서 아버지를 24시간 돌보게 하는 한편 가까이 살면서 아버지를 자주 방문했다.

어떻게 그럴 수 있는지 설명해달라고 하자 던은 별로 할 말이 없다고 했다. 아버지 곁에 있기로 한 것이 영웅적이거나 희생적인 행동이라고 생각해본 적이 없다고 했다. 사실 많이 고민하고 내린 결정도 아니었다. 어떻게 다른 선택을 할 수 있다는 말인가? 던은 자신을 세상에 나오게 해준 아버지가 어린아이처럼 무기력해졌고, 자기 말고는 돌볼 사람이 아무도 없는데 어떻게 집을 떠날 수 있느냐고 되물었다. "아버지에게는 제가 필요했습니다. 그래서 떠나지 않은 것뿐이에요."

던은 여전히 힘들었던 과거의 기억에 시달리고, 아버지는 여전히 자신 속의 악마와 싸우고 있다. 인생은 결코 장밋빛이 아니다. 하지만 두 사람은 이제 각자에게 주어진 힘겨운 싸움에 대해 터놓고 이야기할 수 있게 되었다. 던은 아버지를 돌보면서 어린 시절부터 그토록 동경했던 행복의 길을 마침내 찾았다고 했다. "그걸 용서라고 불러도 좋습니다." 거기에 어떤 이름을 붙이든, 그 길은 던에게 온전한 삶과 치유를 선물했다.

몇 년 전 팔십 대의 나이에 세상을 떠난 나의 벗 카를 카이덜링도 힘겨운 어린 시절을 보냈다. 그는 독일 노동자 가정에서 태어났다. 집안의 유일한 아들이었던 카를의 어린 시절은 1차 세계 대전과 뒤이은 공황으로 얼룩졌다. 네 살 무렵 어머니가 세상을 떠났고 열네 살 때 새어머니마저 잃었다. 그런 상황에서 아버지는 카를을 성가신 짐으로 여겼다. 아이들의 새어머니를 구하는 광고 문구에도 아들이 있다는 사실을 일부러 숨겼다. "세 딸을 둔 홀아비가 가정부 구함. 미래에 결혼 가능."

몇 명의 여성이 찾아왔고 그중 한 명이 남았다. 하지만 뒤늦게 집에 사내아이가 있다는 사실을 안 새어머니는 화를 냈다. 카를에게만 유독 형편없는 음식을 주고 하루가 멀다고 트집을 잡았다.

아버지는 아들을 변호해주지 않았다. 오히려 함께 구박하고 놋쇠 고리가 달린 가죽 띠로 자주 때렸다. 카를이 매를 피하려고 하면 아버지는 더 화가 나서 머리와 얼굴까지 때렸다.

던과 달리 카를은 최대한 빨리 집을 떠났다. 그리고 당시 유럽을 휩쓸었던 청년 운동에 동참했다. 세상을 바꾸고 싶어 하는 블루칼라 사회주의자들과 함께 떠돌다 나의 조부모가 살던 농촌의 공동체에 흘러들었다. 나의 할아버지는 카를을 따뜻하게 환영했다. "자네가 오기를 기다렸다네."

카를은 공동체를 고향처럼 편하게 생각했고 계속 머물기로 했다. 몸을 아끼지 않고 공동체 일을 거들었다. 장작을 패고 물을 길고 밭을 일궜다. 하지만 어린 시절의 괴로운 기억과 아버지와 새어머니를 향한 원망이 카를을 자유롭게 놓아주지 않았다. 날이 갈수록 원망이 깊어졌다. 원망으로 인해 묵직해진 먹구름이 좋은 일은 얼씬도 못하게 위협하는 것 같았다.

결국 카를은 나의 할아버지에게 달려가 마음의 괴로움을 털어놓았다. 할아버지의 조언은 뜻밖이었다. "카를, 부모님에게 편지를 쓰게나. 자네가 그분들 마음에 상처 준 일이나 슬픔을 안겨준 일에 대해 용서를 구하게. 명심하게. 그분들의 잘못이 아니라 자네의 잘못만 봐야 하네." 충격을 받은 카를은 며칠을 끙끙 앓았다. 그러다 마침내 용기를 내서 편지를 썼다. 그리고 놀랍게도 아버지에게서 답장이 왔다.

아버지는 어린 아들을 때린 일에 대해 사과하거나 자신의 잘못을 인정하지 않았다. 그래도 카를에게는 문제가 되지 않았다. 용서를 통해 오랫동안 자신을 짓눌러온 분노로부터 자유로워졌고 깊은 평화를 맛보았기 때문이다. 그 후 카를은 자신의 어린 시절에 대해 다시는 불평하지 않았다.

아내 버레나의 친척 마리아도 비슷한 방식으로 자신을 학대한 아버지에 대한 원망을 이겨냈다.

어머니는 마흔두 살에 돌아가셨습니다. 한 살부터 열아홉 살까지 아이들 여덟 명을 아버지에게 남겨놓고요. 어머니의 죽음은 모든 가족, 특히 아버지에게 큰 충격이었습니다. 우리에게는 그 어느 때보다 아버지가 간절히 필요했는데, 아버지는 정서적으로 불안한 상태였습니다. 결국 절제력을 잃고 언니와 저를 성추행하려고까지 했죠. 저는 아버지를 피해 다녔고 그를 미워했습니다.

그로부터 얼마 되지 않아 아버지는 다른 곳으로 이사를 했고, 저도 남미를 떠나 독일로 유학을 갔습니다. 그 뒤 7년 동안 아버지를 만나지 못했습니다. 그러는 사이 아버지에 대한 미움은 계속 깊어졌습니다.

유럽에서 돌아온 저는 어릴 적 친구와 약혼을 했습니다. 아버지가 한번 만나자고 했지만, 딱 잘라 거절했습니다. 아버지를 보고 싶은 생각이 추호도 없었습니다.

이 사실을 안 약혼자는 아버지를 만나지 않으려는 저를 이해하지 못했습니다. 아버지가 화해하려고 손을 내밀면, 그 손을 잡아드려야 하는 게 아니냐고 하더군요. 혼자서 한참을 씨름한 끝에 약혼자의 말을 받아들였습니다.

카페에서 약혼자와 함께 아버지를 만났습니다. 빈자리를 찾아 자리에 앉자마자 아버지가 울면서 용서해달라고 하더군요. 그 순간 저도 그대로 무너졌습니다. 그 자리에서 용서한다고 말씀드렸습니다. 도저히 버틸 수가 없었거든요.

던과 마리아처럼 아버지를 용서하는 것이 얼핏 보면 쉬워 보일 수 있지만, 사실 아동 학대는 세상에서 가장 회복하기 어려운 상처 중 하나다. 가해자인 어른과 피해자인 아이 사이에 힘의 불균형이 존재하고 어느 쪽이 비난받아야 할지가 자명하다. 그래서 "왜 아무 잘못 없는 사람이 죄 지은 사람을 용서해야 합니까?"라고 물을 수밖에 없다.

안타깝게도 어린 시절 학대를 당한 이들 중 많은 사람이 자기에게도 어느 정도 책임이 있다고 자책한다. 자신이 어떤 빌미를 주었거나 그런 취급을 당해도 마땅한 행동을 한 것은 아닐까 하고 걱정한다. 자신도 '공범'이라는 잘못된 인식 때문에 물리적인 학대가 멈춘 뒤에도 여전히 가해자에게 휘둘리곤 한다.

설상가상으로 어떤 이들은 피해자가 가해자를 용서한다는 것은 곧 피해자에게도 학대에 대한 책임이 어느 정도 있다는 걸 인정하는 셈이라고 주장한다. 절대 그렇지 않다. 용서가 필요한 이유는 피해자와 가해자 둘 다 같은 어둠 속에 갇혀 있기 때문이다. 누군가 먼저 문을 열지 않으면, 꼼짝없이 같은 어둠 속에 갇혀 살아야 한다. 어둠에서 벗어나는 유일한 탈출구는 용서뿐이다. 혹시라도 가해자가 어둠 속에 머물기를 고집한다고 해서 용서를 망설여서는 안 된다.

이제 오십 대가 된 케이트는 알코올 중독에 빠진 어머니에게 오랫동안 학대를 받았으나 결국에는 화해를 이뤘다. 케이트가 지나온 여정은 피해자가 용서하려는 의지를 가지고 변화되면, 가해자도 이에 영향을 받고 변화될 수 있다는 사실을 보여준다.

저는 2차 세계대전 직후 캐나다에 있는 작은 마을에서 태어났습니다. 5남매 중 장녀였어요. 아버지는 40킬로미터 이상 떨어진 공사 현장에서 일하셨기 때문에 이동하는 시간과 일하는 시간 12시간을 빼면 집에 있는 시간이 별로 없었습니다.

늘 돈이 부족했고 정확한 이유는 모르지만 여러 가지 일로 늘 갈등이 있었습니다. 시간이 지날수록 상황은 나빠졌고 제가 아홉 살 때 막냇동생이 태어난 뒤로는 상황이 아주 심각해졌습니다. 돌이켜보면 그때부터 어머니가 술을 마시기 시작하셨던 것 같습니다.

어머니가 술에 취해 집에 들어오는 날이 많아지면서 결국 부모님은 별거에 들어갔다. 가정생활이라고 할 만한 것이 없었다. 집안을 청소하는 사람도, 빨래를 하는 사람도 없었다. 겨우 열세 살이었던 케이트에게 모든 짐이 지워졌다.

막내 제이미가 학교에 들어갈 무렵 어머니는 거의 집에 안 계셨습니다. 제가 숙제나 공부를 할 수 있는 상황이 아니었죠. 중학교 3학년 때는 낙제를 하는 바람에 이듬해에 똑같은 과정을 반복해야 했습니다.

얼마 뒤에는 동생 둘이 도시에 일자리를 구해서 따로 방을 얻어 나갔습니다. 하지만 저는 계속 집에 남았습니다. 누군가는 어린 동생들을 돌봐야 했으니까요. 살림 솜씨가 서투르기는 해도 아이들에게 뭐라도 먹일 게 있어서 다행이었어요.

어머니는 새로운 수입원을 찾아내셨습니다. 당시 지역 병원에는 정신적·육체적으로 장애가 있는 환자들이 너무 많아 병원에서 다 감당할 수 없는 상황이었습니다. 그래서 이런 환자를 자기 집에서 돌보는 사람에게 정부에서 돈을 주었습니다. 어머니는 남자 환자 둘과 여자 환자 하나를 집에 데려왔습니다.

제가 쓰던 침대를 남자 환자에게 주고 좀처럼 잠을 자지 않는 여자 환자와 2인용 침대를 함께 썼습니다. 잠을 잘 수 없는 상황이었죠. 참다못해 제발 병원에 연락해서 이 사람들 좀 데려가게 하라고 애원했지만, 어머니는 들은 체도 안 하셨습니다. 데리고만 있어도 꼬박꼬박 지원금이 들어왔으니까요.

어머니는 저녁에 집에 와서 일손을 보태겠다고 하셨고 실제로 한동안은 그렇게 하셨습니다. 하지만 술에 취해 있기 일쑤였죠! 그러면서 "네가 태어나지 않았으면, 내가 이렇게 망가질 일도 없었어"라고 하셨습니다. 처음에는 무슨 뜻인지 몰랐다가 나중에 알게 되었습니다. 어머니가 결혼 전에 저를 임신하신 탓에 두 분이 어쩔 수 없이 결혼하게 되었다는 것을요.

어머니는 가끔 저에게 손찌검을 하곤 했습니다. 그리고 다음 날 아침에 일어나면 "얼굴에 멍은 어떻게 된 거냐?"고 물으셨죠. 어머니가 그런 거라고 말씀드리면, 거짓말하지 말라고 하셨어요.

케이트는 열여섯 살에 동생들을 제대로 돌보기 위해 학교를 그만두었다. 그리고 그때 즈음 지금의 남편 탐을 만나 2년 뒤에 결혼했다. "네가 결혼하면 집안일은 누가 돌보니?" 비난 어린 어머니의 질문에 마음이 편치 않았지만, 케이트는 집을 떠나 곧 자기 아이들을 기르기 시작했다.

그때 저는 어머니에 대해 잊고 싶었습니다. 저만의 가족을 이루었고 손주들을 끔찍이 사랑하는 탐의 부모님이 계셨으니까요. 어머니에게서 연락이 왔지만, 일부러 피했습니다. 마침내 제가 영향을 끼칠 수 있는 위치에 섰으니, 어머니에게 그대로 갚아주고 싶었습니다.

그 무렵 부모님은 이혼 절차를 마무리했고 어머니는 술을 끊으셨어요. 혈압 약을 복용하면서 술을 마시면 치명적일 수 있다는 사실을 알게 된 겁니다. 그래도 어머니를 만나고 싶지 않았습니다. 어머니를 믿을 수 없었으니까요.

몇 년 후 둘째 아기가 태어났고, 어느 날 탐이 케이트 어머니에게서 걸려온 전화를 받았다. 집에 방문하고 싶어 하는 어머니를 탐은 기쁜 마음으로 초대했다고 한다.

머리끝까지 화가 치밀었습니다. "당장 전화해서 취소해. 무슨 이유를 대도 좋아. 이 아이는 내 아이야. 엄마하고 나눌 생각 추호도 없어." 제가 심했습니다. 뒤늦게 미안한 생각이 들었고 힘든 마음에 목사님을 찾아갔습니다. 해결책을 기대했던 것 같습니다.

제가 어떤 궁지에 몰렸는지 설명하는 동안 목사님은 가만히 듣기만 하셨어요. 제 이야기가 다 끝났는데도 말씀이 없으셨죠. 기다렸습니다. 저는 제 행동이 전적으로 옳다고 생각했고 목사님이 그 사실을 확인해주기만 바랐거든요. 그런데 그렇게 해주지 않으셨어요. "어머니와 화해해야 합니다"라는 말씀만 하셨죠.

그래서 제가 말했습니다.

"목사님은 저희 어머니를 잘 모르세요."

그러자 이렇게 답하시더군요. "그건 아무 상관이 없습니다."

결국 어머니가 우리 집에 방문하셨습니다. 건강이 좋지 않아서 돌봐줄 사람이 필요하다는 걸 한눈에 알 수 있었습니다. 하지만 순순히 그럴 생각은 추호도 없었습니다.

계시던 곳으로 돌아가시기 며칠 전, 어머니가 제게 무슨 말인가 하고 싶어 하는 것 같은 느낌이 들었습니다. 어머니는 제가 쏟아내는 고약한 말도 순순히 들어주셨습니다. 어머니는 저와의 관계를 새롭게 시작하길 간절히 바라셨고(저 역시 그랬습니다), 장애물이 있으면 모두 치우실 준비가 되어 있었습니다. 어머니를 용서할 때가 온 것이죠. 어머니에게 용서하겠다고 말씀드렸습니다. 그 순간 저에게 위안과 치유가 찾아왔습니다. 말로 표현하기 힘든 순간이었어요. 그 순간을 지금도 생생하게 기억합니다.

부모와 자식 간의 모든 불화가 흑과 백으로 분명하게 드러나는 것은 아니다. 캘리포니아에 사는 수전은 앞에 소개한 이들과는 전혀 다른 환경에서 자랐다. 부모님에게 직접적인 학대를 당하지도 않았다. 하지만 차갑고 퉁명스러운 어머니의 성격 탓에 여러 해 동안 어머니에게 반감을 품었다. 하지만 수전 역시 케이트처럼 상처를 치유하는 유일한 길은 자신에게 사랑이 부족했던 것을 인정하고 용서할 준비가 되었다고 선언하는 길뿐임을 깨달았다.

기억나는 건 어머니와 사이가 좋지 않았다는 것뿐입니다. 화가 나서 폭발하고, 저를 때리고, 제게 비난 섞인 말을 쏟아내는 게 무서웠습니다. 절대 저는 어머니를 기쁘게 해드리지 못할 거라고 생각했습니다. 그 때문에 마음속에 어머니에 대한 분노가 쌓이기 시작했습니다. 분노를 숨기고 어머니에게 마음을 닫았습니다. 제게 던진 날카로운 말과 저를 쥐어박던 손을 되새기고 또 되새겼습니다. 그러다 어머니가 구박이라도 할라 치면 아주 예민하게 반응했고 거절감에 괴로워했습니다.

어머니와 저는 서로에게 솔직했던 적도, 서로를 신뢰했던 적도 없습니다. 그래서 어머니 대신 주변의 다른 어른들, 특히 선생님들을 의지했습니다. 어머니는 제가 당신이 아니라 선생님에게 애착을 느끼는 걸 분해하셨습니다. 그렇다고 대놓고 말은 하지 못하셨어요. 심지어 저는 가족과 헤어져 선생님들 중 한 분의 집에 입양되면 어떨까 하고 바란 적도 있습니다. 어떤 날에는 제가 저희 가족과 아무 상관이 없는 사람이라는 생각이 들기도 했습니다. 하지만 가족에게 인정받고 싶은 마음에 솔직한 감정을 숨기고 '착한 아이'가 되려고 했습니다.

사춘기가 되면서 상황은 더 악화되었습니다. 저는 화를 푸는 교묘한 방법을 하나둘 찾아냈고 마음 내키는 대로 행동했습니다. 여러 번 어머니의 눈을 속이기도 했습니다. 부모님과 알고 지내던 교구 신부님과 밀회를 즐기며 어머니에게 '복수'한 적도 있습니다.

그 관계도 결국 끝이 났고, 저는 대학에 진학하면서 따로 나와 살았습니다. 그리고 결혼을 했죠. 어머니와는 여전히 사이가 좋지 않았습니다. 이상한 일이죠. 사실 속으로는 어머니를 기쁘게 해드리고 싶은 마음이 간절했는데 말이에요.

어머니는 몇 년간 육체적으로나 심리적으로 아주 힘든 시기를 겪으셨습니다. 하지만 저는 어머니를 가엽게 여기거나 관심을 기울이지 않았습니다. 그러다 어머니가 12단계 알코올 중독 치료를 받을 때 기회가 찾아왔습니다. 어머니를 찾아가 일주일

동안 함께 이야기를 나누면서 아주 멋진 시간을 보냈습니다. 그런데 갑자기 그 문도 다시 닫히고 말았습니다. 저는 모든 게 어머니 탓이라고 생각했습니다.

알고 보니 어머니는 강인하고 자신감 넘치는 겉모습 아래 아주 불안한 속사람을 숨기고, 어린 시절의 상처를 그대로 껴안은 채 살고 있었습니다. 어머니와 저는 서로에게 다가가려고 노력하면서도 거절당할까 두려워 솔직하지 못했던 겁니다. 그래서 주변을 맴돌 뿐이었죠.

그로부터 몇 년 뒤 친구의 추천으로 강연 테이프를 듣고 답을 얻었습니다. 찰스 스탠리라는 사람의 강연이었습니다. 마음속에 큰 의문을 품고 있던 시절이라 그 사람이 하는 말에 귀를 기울였죠. 정확히 기억은 안 나지만, 관계에 대한 이야기였습니다. 당시 저에게 꼭 필요했던 이야기였어요. 찰스 스탠리는 어머니와 사이가 멀어진 책임이 두 사람 모두에게 있다는 사실을 새삼 일깨워주었습니다. 둘 중 하나가 용서를 구하지 않는 한 절대 봉합할 수 없다는 것도요.

얼마 지나지 않아 부모님 댁을 찾았습니다. 그리고 단둘이 있을 때 어머니에게 먼저 용서를 구했습니다. 과거에 어머니에게 차갑게 대한 것을 용서해달라고 청하고, 저 역시 어머니를 용서한다고 말씀드렸습니다. 왜 그랬는지 모르지만, 평생 어머니에게 화가 나 있었다는 이야기도 했습니다. 어머니는 과거에 제가 한 행동을 이해하지 못하셨지만, 제게 상처를 준 것에 대해 용서를 구하셨습니다. "이미 벌어진 일은 어떻게 할 수 없잖니. 털어내고 앞으로 나아가자."

인간관계에서 수렁에 빠졌다고 생각하는 사람에게는 "털어내고 앞으로 나아가자"는 단순한 말이 큰 도움이 될 것이다. 과거를 되돌릴 수 있는 사람은 아무도 없다. 하지만 용서를 선택하고 앞으로 나아갈 수 있다.

이처럼 가정에서 받은 상처를 회복하기 위해 몸부림치는 이들이 있는가 하면, 하루 중 많은 시간을 보내는 학교에서 당하는 폭력으로 상처를 받고 회복하기 위해 힘겨운 싸움을 이어가는 이들도 있다.

학교 폭력이나 집단 따돌림은 아이들이 일상에서 쉽게 접하는 일이지만, 밖으로 잘 드러나지 않아 해결하기가 어렵다. 그만큼 아이가 받은 상처가 깊어지기도 쉽다. 폭력을 행사하는 사람이 가까이에 있는 친구들이고 폭력이 일상적으로 반복되는 탓에 나이 어린 피해자가 스스로 폭력에서 벗어나거나 도움을 청하기 어렵기 때문이다. 점점 잔인해지는 학교 폭력에 대응하기 위해 학교나 정부 차원에서 예방책이나 해결책을 마련하지만, 상황은 쉽게 진정되지 않고 정신적·심리적으로 고통을 겪는 아이들이 늘어만 간다.

하지만 부산가정법원 소년부 천종호 부장판사는 화해와 용서가 학교 폭력 문제를 푸는 해답이라고 확신한다. 공적 영역인 법정에서도 대화와 화해, 관용과 용서를 적용할 수 있으며, 이를 통해 학교 폭력의 고리를 끊을 수 있다고 본다. 학교 폭력을 비롯한 소년 비행 사건을 심리하는 법정에서는 하루에 수십 건의 사건을 처리해야 할 만큼 바쁘다. 그런데 이를 뒷받침할 만한 인력과 사회적 지원이 부족한 탓에 처벌 위주의 판결에 의존하기 십상이다. 하지만 천종호 판사는 그런 유혹을 뿌리치려고 노력한다. 소년 폭력 사건의 가해 청소년이 재판을 기다리는 동안 상담을 받게 함으로써 사건 뒤에 감춰진 가정환경과 원인을 자세히 밝혀내고, 가해자와 피해자의 관계를 깊이 이해하는 시간을 갖게 한다. 그렇게 함으로써 처벌보다 관계 회복의 길을 모색하고, 가해자를 소년원과 같은 교정 기관에 맡기기보다 '그룹홈' 환경에서 생활하며 삶을 실질적으로 회복하도록 꾀하는 것이다.

천종호 판사가 판결을 맡은 소년 법정에서는 짧고 냉정한 판결문 대신 용서의 편지나 글을 낭독하거나 "죄송합니다" 또는 "감사합니다" 같은 외침이 들리기 일쑤다. 법정이 눈물바다가 되는 일도 잦다. 다음은 천종호 판사가 《아니야, 우리가 미안하다》에서 소개한 이야기다.

2011년 1월, 친구들과 놀고 있던 윤희는 같은 학교에 다니는 경미와 정희한테서 창원 시내에 있는 한 교회 앞으로 오라는 연락을 받았다. 그곳에서는 경미와 정희를 비롯한 아홉 명의 남녀 학생이 윤희를 기다리고 있었다. 다짜고짜 윤희의 뺨을 때린 경미와 정희는 근처 야산으로 윤희를 끌고 가 약 2시간 30분 동안 돌아가며 집단 폭행했다. 그 결과 윤희는 대뇌 타박상과 뇌진탕, 근육 손상 등으로 4주간 치료를 받아야 하는 부상을 입었다.

"남학생들은 주로 발로 밟고, 언니들은 손으로 얼굴과 머리 등을 마구 때리며 몇 시간에 걸쳐 폭행했어요. 그 바람에 저는 두 번이나 기절 직전까지 갔고요. 어떤 언니는 '또 학교 가서 일러줄 거지. 엄마한테 얘기하든지 경찰에 신고하든지 해라. 그랬다간 오늘 여기가 네 무덤이야'라는 식의 말을 여러 번 했어요." 윤희는 폭행 당시의 상황을 이렇게 진술했다.

경미와 정희는 학교에서 자신들에 대해 나쁜 소문을 내고 다녀서 윤희를 때렸다지만, 다른 아이들은 별 감정도 없으면서 '싸가지가 없어서' '여자 친구에 대해 안 좋은 소문을 내서' '친구들이 때리니까 분위기에 휩쓸려서' 폭력을 휘둘렀다.

가해자 중 일부가 윤희와 같은 학교에 다니기 때문에 윤희와 가해 소년들 사이의 관계 회복이 이루어지지 않는 한 원만한 학교생활을 할 수 없다고 판단되어 경청상담교육센터에 상담을 의뢰했다. 가해 소년들은 부모와 함께 3개월간 지속적으로 상담을 받아야 했다. 상담 초기에 가해 소년들은 잘못을 인정하면서도 윤희가 겪은 고통을 제대로 이해하지 못했고, 부모들도 금전적인 보상에 의존하며 부모가 함께 상담을 받아야 한다는 사실에 강한 불만을 품었다. 하지만 상담이 이어지면서 소년들과 부모들은 윤희와 윤희 가족이 겪은 고통을 이해하기 시작했다.

2011년 7월, 피해자 측과 가해자 측이 합의를 위해 경청상담교육센터에 모였다. 이날 윤희는 참석하지 않았고, 국선 변호사가 간신히 설득해 윤희의 어머니가 참석했다. 가해 소년들은 무릎을 꿇고 눈물을 흘리며 진심으로 용서를 구했고, 소년들의 부모들도 거듭 사과하며 윤희의 어머니를 위로했다. 윤희 어머니는 처음에는 당황스러워했지만, 마음이 조금 움직이는 듯했다.

일주일 후 최종 합의서를 작성하기 위해 윤희를 포함한 당사자들이 모두 모였다. 가해자들과 마주한 윤희는 몹시 불안해하며 손을 떨었지만, 가해자들의 사죄의 말을 들으면서 조금씩 마음을 가라앉혔다. 마침내 윤희 어머니는 가해 소년들에게 일일이 용서한다고 말했고, 윤희 역시 떨리는 목소리로 완전히 회복된 것은 아니지만 그래도 용서해보겠다고 말했다. 이에 가해 소년들은 모두 고개를 숙이고 눈시울을 붉혔다.

한 소년은 윤희가 벌벌 떠는 것을 보고 그날 폭력을 말리지 못한 걸 후회한다며 미안하다고 했고, 용서받지 못할 짓을 한 자신을 용서해준 윤희 어머니에게 깊이 감사하다고 말했다.

상담이 끝난 2011년 9월, 가해 소년들에 대한 법정 심리가 열렸다. 기대와 달리 윤희와 부모님이 참석하지 않아 윤희 어머니의 휴대폰으로 전화를 걸어 소년들과 부모들에게 하고 싶은 말을 하게 했다. 이어 한 가해 소년이 사죄 편지를 읽어나가자 가해 소년들과 부모들이 흐느끼기 시작했다. "이 일을 기억하고 또 기억하면서 반성하고 또 반성해. 미안해 윤희야…." 한 가해 소년의 아버지도 자신의 편지를 낭독했다. "윤희 부모님께 고개 숙여 용서를 빕니다. 한창 민감한 시기에 너무나 큰 상처를 준 것 같아 자식을 키우는 부모 입장으로서 어찌할 바를 모르겠습니다. 아빠로서 무한한 책임을 통감합니다. 다시 한 번 용서를 빕니다."

편지 낭독이 끝난 뒤 소년과 부모들은 무릎을 꿇고 "윤희야, 우리가 잘못했다. 용서해라"를 열 번씩 외쳤다. 열 번의 외침이 끝나자 여기저기서 흐느끼는 소리가 들렸다. 이어 가해 소년들과 부모들은 "윤희 어머님, 감사합니다"를 함께 외쳤다. 사건의 심각성을 고려하면 가해 소년들에게 보호 처분을 내릴 수도 있었지만, 경청상담교육센터에서 상담을 받는 조건으로 보호 처분을 하지 않았다. 가해자들이 진심으로 잘못을 뉘우치고 윤희와 그 가족의 용서를 받았기 때문이다.

그런 판결을 내린 더 큰 이유는 피해자의 용서와 함께 재판부의 선처를 받으면, 피해자에게 큰 고마움을 느끼는 동시에 더욱더 죄스러운 마음을 갖게 되어서 다시는 피해자를 괴롭히려는 마음이 생기지 않기 때문이다. 윤희에게 집단 폭력을 행사한 소년들은 사죄의 마음을 간직한 채 지금까지 다시 비행을 저지르지 않고 있다.[6]

　천종호 판사는 비행 청소년 뒤에는 외로워하는 아이들에게 손을 내밀지 않는 어른과 사회의 책임이 크다고 믿는다. 그러므로 범죄를 저지른 청소년을 처벌하기보다는 용서와 관용을 경험하도록 돕는 것이 더 효과적이라고 말한다. 폭력과 보복의 고리를 끊는 길은 처벌이 아니라 참된 관계를 회복하는 것이라고 말이다.

　천종호 판사는 이렇게 말한다. "피해자가 아무 조건 없이 용서하는 순간 죄를 지은 상대방으로 하여금 진심으로 참회하게 하며, 자신에게 상처를 준 가해자를 용서하는 순간 피해자 역시 고통스럽기 짝이 없는 미움과 원망의 감옥에서 벗어날 수 있습니다. 계속 이어지는 보복의 고리는 누군가가 먼저 희생하고 양보하지 않고선 절대 끊어지지 않습니다. 보복의 고리가 계속 연결되면 사회전체는 혼란에 빠질 수밖에 없습니다. 희생과 양보를 전제로 하는 용서는 보복의 고리가 이어지지 않게 하고, 평화롭고 인간다운 세상을 만들기 위한 필수 덕목입니다."

하나님에 대한 원망

모든 고통을 없애려는 시도나 이를 악물고 견디려는 시도는 옳지 않다. 고통도 상황을 긍정적으로 바꾸는 데 쓰일 수 있기 때문이다. 삶을 행복하게 하거나 불행하게 하는 것은 외부의 환경이 아니라 환경을 대하는 내면의 태도다.

에버하르트 아놀드

용서를 생각할 때 우리는 대부분 자신에게 상처 준 사람을 용서할 수 있는지 여부를 먼저 판단한다. 하지만 때로는 그 상처가 사람이 준 것이 아닐 때도 있고, 아무리 애를 써도 누구의 잘못인지 알 수 없을 때도 있다.

이럴 때 하나님을 믿지 않는 사람들은 자신의 인생에 개입하는 손길이 누구의 손인지도 모르고 막연히 짜증스러워할지 모른다. 반면에 신앙이 있는 사람은 하나님에게 화를 낸다. 고통의 원인을 콕 집어서 밝힐 수 없을 때, 우리는 불공평하고 억울하다며 반발하고 하나님을 비난하기 일쑤다. "자비로우신 하나님이 어떻게 이런 일을 허용할 수 있단 말인가?" 이런 좌절감은 하나님을 향한 분노나 원한으로 변하기도 한다.

비난할 대상이 아무도 없다는 사실을 받아들이는 것보다는 하나님을 비난하는 것이 훨씬 쉽다. 슬픔에 휩싸이면 비난할 대상이 분명하지 않아도 분노가 치밀기 때문이다. 하지만 치유를 경험하고 앞으로 나아가려면, 이러한 분노의 감정 역시 해결해야 한다.

하나님에게 계속 화를 낸다고 해서 문제가 해결되지는 않는다. 상처를 받고 하나님을 탓할 수는 있지만, 하나님에게 사과를 기대해봐야 소용없다. 원하는 방향으로 상황을 바꾸기 위해 우리가 할 수 있는 일이 없다면, 그 상황을 겸허하게 받아들여야 하는지도 모른다. 그러면 아무리 큰 장애물을 만나도 성장의 기회로 삼을 수 있다.

나는 하나님을 비난하고 싶어질 때마다 몇 년 전 크게 좌절하며 배운 것들을 떠올린다. 뉴욕 주 북부에 낚시 여행을 갔다가 집으로 돌아오는 길이었다. 며칠간 일에서 벗어날 수 있는 좋은 기회였다. 그런데 집으로 돌아오는 길에 갑자기 목소리가 나오지 않았다. 며칠 지나면 나아질 것으로 생각하고 무시했는데, 목 상태가 점점 나빠졌다. 주치의는 나를 전문의에게 보냈고, 전문의는 성대 마비 진단을 내렸다.

의사는 곧 나을 거라고 안심시켰지만, 몇 주가 지나고 몇 달이 지나도록 나아지지 않았다. 그러자 이번에는 아예 말을 하지 말라는 처방이 나왔다. 속삭이는 것도 금지했다. 실망스러웠지만, 처방을 그대로 따랐다. 하지만 그래도 나아지지 않았고, 다시 말을 할 수나 있을지 걱정이 되기 시작했다.

설상가상으로 당시 우리 교회는 오랫동안 함께해온 멤버 몇 명이 탈퇴하는 바람에 혼란스러워하고 있었다. 모임이 잇따라 열렸고 책임을 맡은 목사로서 의견을 달라는 요청을 받았지만, 나는 한마디도 할 수 없었다. 꼭 하고 싶은 말이 있으면 종이에 적어서 보여주는 신세였다.

말하기와 같이 당연하게 생각하던 능력을 박탈당했을 때 우리는 뒤늦게 그런 능력이 사실은 특별한 선물이었다는 사실을 깨닫는다. 그걸 알면서도 속이 탔다. 솔직히 몹시 화가 났다. 하나님이 나를 시험하시는 것만 같았고, 왜 하필이면 이런 시간을 고르셨는지 속으로 불평하기도 했다.

시간이 지난 뒤에야 그때 겪은 곤란을 전혀 다른 각도에서 볼 수 있었다. 하나님은 내게 인생을 더 유연하게 바라보는 힘을 기를 기회를 주고 계셨던 것이다. 문제를 지나치게 심각하게 여기지 말고 지금의 불안한 상황을 오히려 긍정적으로 활용하라고 가르치고 계셨던 것이다. 나는 3개월 뒤에 다시 말을 할 수 있었고, 7년 후에는 완전히 회복되었다. 하지만 지금도 그 12주간의 시간을 잊지 못한다.

우리 교회의 안드레아라는 여성은 나보다 훨씬 무거운 짐을 지고 힘겹게 싸워야 했다. 안드레아는 세 번의 유산 끝에 건강한 아이를 얻었다. 엄밀히 말해 안드레아가 겪은 일은 하나님을 비난할 것인가, 용서할 것인가의 문제가 아니었다. 그보다는 하나님께 벌을 받고 있다는 두려움에 굴복하지 않으면서 아이를 잃은 현실을 받아들여야 하는 싸움이었다. 하지만 안드레아가 평화를 찾기 위해 격한 감정과 씨름했던 과정을 돌이켜보면, 결국 이것도 용서의 문제였음을 알 수 있다.

결혼한 지 여섯 달 만에 임신을 확인하고 남편 닐과 저는 너무나 기뻤습니다. 그런데 성탄 전야에 갑자기 극심한 통증이 느껴졌습니다. 주치의는 제게 큰 병원으로 가야 한다고 했고, 병원에 갈 준비를 하는 동안 간호사인 이웃 사람이 제 곁을 지켜주었습니다. 아기를 잃을지도 모른다는 두려움이 엄습했습니다. 그런데 두려움이 정말로 현실이 되었습니다. 몸의 통증만큼이나 마음의 고통도 심했습니다. "하나님, 왜요? 왜 접니까? 이렇게 작은 영혼을 벌써 데려가시면 어떻게 해요? 제가 무슨 잘못을 한 건가요?"

제 목숨을 구하려면 수술이 불가피하다고 했습니다. 결국 아기를 잃은 저는 몇 주간 병상에 누워 있었습니다. 뜻하지 않은 방식으로 크리스마스를 보내게 된 겁니다!

괴로움뿐 아니라 외로움까지 우리를 덮쳤습니다. 친척 한 분이 "힘내! 다음번에는 운이 좋을 거야"라고 말했을 때는 뺨을 한 대 얻어맞은 기분이었어요. '운이라고? 나는 방금 아기를 잃었어. 진짜 살아 있는 아기 말이야!'

어떤 사람이 보낸 카드에는 이렇게 적혀 있더군요. "주신 이도 여호와시요 거두신 이도 여호와시오니 여호와의 이름이 찬송을 받을지니이다"(욥 1:21). 정말이지 울화가 치밀었습니다. 그렇게 끔찍하고 고통스러운 일 앞에서 어떻게 하나님께 감사할 수 있나요? 전 그러지 못했습니다. 하나님이 제게 벌을 주고 있다는 생각을 지우지 못했습니다. 이유는 알 수 없었지만요.

교회 목사님은 이렇게 우리를 위로했습니다. "하나님은 징벌의 하나님이 아니라 사랑의 하나님이십니다. 그분이 우리의 고통을 덜어주실 겁니다." 물에 빠진 사람이 지푸라기라도 잡는 심정으로 그 말씀에 의지했습니다. 남편 닐이 보여준 애정과 지원은 하나님의 사랑을 눈으로 보는 것 같았습니다. 갑자기 찾아온 고통이 전혀 다른 방법으로 우리가 하나 되게 인도하고 있다는 사실을 알게 된 거죠. "저녁에는 울음이 깃들일지라도 아침에는 기쁨이 오리로다"(시 30:5)라는 말씀이 특별히 위로가 되었습니다. 기쁨을 느낄 수조차 없고 아침이 올 것 같지도 않은 때였으니까요.

천천히 시간을 보내면서 곁에 있는 사람들에게 정성 어린 도움을 받았습니다. 그러면서 깊은 고통의 시간도 하나님의 사랑을 어렴풋이나마 경험하는 기회가 된다는 것을 깨달았습니다. 그리고 제가 고통받을 때 그분이 여전히 곁에 계신다는 것을 확신하게 되었습니다. 하나님이 살아 계신 것을 실감하게 되었고 그분의 사랑을 신뢰하게 되었습니다.

그렇게 몇 달이 흐른 뒤 다시 아기를 갖게 되었습니다. 모든 것이 순조롭게 진행되기를 바랐는데, 이전과 똑같은 일이 벌어지고 말았습니다. 격렬한 통증이 찾아왔고, 저는 다시 병원 응급실에 실려 가서 제 목숨을 구하기 위해 수술을 받아야 했습니다. 다시금 소중한 생명을 세상에 나오기도 전에 잃고 만 겁니다. 깊은 고통이 제 마음을 찢어놓았습니다. 그때 일기에 이렇게 적었습니다. "도대체 이유를 모르겠어. 아마, 절대 이해하지 못하겠지. 아, 믿음의 확신이 필요해. 도와주세요!"

남편은 성실하게 제 곁을 지켰습니다. 몇 해 전에 시누이가 암으로 세상을 떠났는데, 그때 남편이 적어둔 글귀가 제게 힘이 되었습니다. "하나님과 우리의 거리는 그저 물질적인 거리일 뿐이다. 게다가 그 거리는 아마 그렇게 대단한 게 아닐 것이다." 남아 있는 힘을 그러모아 그 말을 붙들었습니다.

천천히 몇 주가 지나고 몇 달이 지나자 상실의 고통이 조금씩 누그러졌습니다. 물론 고통이 완전히 떠난 건 아니었습니다. 그리고 약 일 년 뒤 저는 다시 아이를 유산했습니다. 다시 한 번 깊은 고통이 찾아왔습니다. 하지만 이번에는 절망에 빠져 왜냐고 묻지 않았습니다.

이제 안드레아는 여섯 살짜리 아름다운 딸의 어머니가 되었다. 세 번의 유산을 생각하면 지금도 가슴이 아프지만, 안드레아의 마음에는 앙금이 남아 있지 않다. 깊은 괴로움 끝에 두 가지 소중한 열매를 얻었다고 안드레아는 말한다. 하나는 자기와 함께 지옥까지 다녀온 남편을 향한 깊은 사랑이고, 또 하나는 하나밖에 없는 자녀를 얻은 끝없는 감사다.

이웃 마을에 사는 젊은 부부 존과 그레첸 로즈도 안드레아처럼 첫 아이가 태어나기를 손꼽아 기다렸다. 원만한 임신 과정을 거쳐 앨런이 태어났고 처음에는 모든 게 괜찮아 보였다. 그러나 병원에서 집에 돌아온 뒤 앨런의 부모는 아이에게 문제가 있다는 사실을 깨달았다. 앨런은 잘 먹지 못했다. 근육의 힘도 아주 약했다. 아무런 움직임 없이 가만히 누워 있었고, 숨 쉴 때 이따금 콜록거리면서 이상하게 끓는 소리가 났다.

재빨리 앨런을 대학 병원으로 옮겼다. 생후 3개월도 안 된 앨런이 어떤 장애를 안고 태어났는지 분명하게 드러났다. 걷거나 말을 하지도 못하고, 앞을 볼 수도 없는 상태로, 천골과 뇌, 귀와 소화기관에 심각한 이상을 안고 태어난 거였다.

존과 그레첸은 마음이 무너져내렸다. 무언가 문제가 있다는 생각은 했지만, 그렇게 심각한 문제일 거라고는 예상하지 못했었다. 결국 두 사람은 자신들을 탓했고, 이어 하나님을 비난했다. "왜 우리죠?"

존은 화가 났다. 하지만 누구에게 화를 내야 할지 알지 못했다. '나에게? 아니면 그레첸에게? 앨런의 의사에게? 아니면 하나님에게? 그래, 하나님이야.' 하지만 이유를 설명할 길이 없었다. 존은 분한 마음을 품지 않으려고 애썼으나 결국 이런 결론을 내렸다. "하나님이 우리를 사랑하지 않으시거나 이게 앨런의 운명이었겠지. 그 이유는 영원히 알 수 없을 거야. 하지만 만약 이 일을 억울해하고 분해하면, 앨런을 통해 얻는 기쁨마저 온전히 누리지 못할지 몰라."

존과 그레첸은 인생의 난관을 받아들이는 것이 말은 쉬워도 실천하기는 어렵다는 사실을 뼈저리게 실감했다. 도망치고 싶었던 적이 한두 번이 아니었다. 누군가 찾아와 별 의미 없는 위로의 말을 건넬 때는 특히 더 그랬다.

상황이 나아지고 새로운 희망이 생기는 날도 있었지만, 일이

틀어지거나 시험을 받는 날도 많았다. 태어난 지 일 년 만에 앨런은 기관 절개 수술을 받았고, 맹장 수술을 포함해 셀 수 없이 많은 수술을 받았다. '이렇게 작은 아이가 얼마나 더 많은 고통을 견뎌야 한다는 말인가?'

조기 진단을 통해 문제가 있는 아기를 낙태시키는 것을 아무렇지 않게 여기는 요즘 같은 세상에도 앨런의 부모는 아이를 짐으로 여기지 않았다. 앨런이 한 살 정도 되었을 때 그레첸은 이렇게 썼다. "앨런은 우리에게 아주 중요한 이야기를 해주고 있다. 우리는 앨런을 보낼 준비가 안 되어 있다."

앨런이 엉킨 고무관 사이로 내 뺨을 만지려고 손을 뻗는다. 침대에서 안아 올리려고 하면 살짝 눈을 뜨고 졸음이 섞인 미소를 짓는다. 태어나서 열한 달 동안 앨런은 다섯 번이나 입원했다. 외래 진료는 또 얼마나 자주 갔는지. 진료 횟수를 세다 그만둔 지 오래다. 진료를 받으러 갈 때마다 우리는 해답보다 더 많은 질문을 안고 왔다. 확신을 갖는 날보다 눈물을 흘리는 날이 더 많았다. 아이는 내 품을 파고들며 호기심 어린 눈으로 주위를 두리번거리면서 미소 짓는다. 앨런의 미소가 내게는 묘약이다.

앨런이 얼마나 더한 고통을 겪어야 하는 걸까? 또 어떤 장애물이 우리를 기다리고 있을까? 기관 절개 수술 탓에 우리가 기대했던 모험들이 사라졌다. 젖병을 물리거나 이유식을 먹일 일이 없어졌다. 기뻐서 까르륵거리는 소리나 힘들어서 칭얼거리는 소리도 들을 수 없게 되었다.

의사는 만약 아이가 살게 되면 커서는 고무관 없이 지낼 수도 있다고 말했다. 아이가 살게 된다면 말이다. 그 말을 듣고 가슴이 철렁 내려앉았다. 그러나 아이의 미소는 여전히 내게 희망을 준다. 그리고 내게 받아들이는 법을 매일 가르친다.

받아들임. 그레첸이 쓴 이 말은 우리가 하나님을 '용서'할 수 있게 돕는다. 받아들이지 않으면, 운명에 반항하고 억지로 짊어진 십자가를 팽개치려고 안간힘을 쓰게 마련이다. 하지만 받아들이면, 자신이 겪는 어려움을 통해 다른 사람의 고통을 바라보고 그들을 도울 힘을 얻는다.

앨런은 아기 때 받은 진단이 무색하게 명랑한 십 대 소년으로 자랐다. 걷고 뛸 수 있을 뿐 아니라 춤까지 춘다. 집에 찾아가면 앨런이 세발자전거를 타고 나와 당신을 맞아줄지도 모른다. 여전히 말을 못하고 고무관에 의지해 음식을 먹어야 하지만, 의사소통에는 아무 문제가 없다. 악수하거나, 손을 흔들거나, 끙 소리를 내거나, 장난기 어린 미소를 짓는다.

앨런의 아버지는 이렇게 말한다. "처음에는 앨런이 가지고 있는 장애만 쳐다봤습니다. 앨런이 나아지게 해달라고, 장애를 극복하게 해달라고 기도했지요. 하지만 해가 지나면서 우리도 지혜로워졌습니다. 지금은 우리를 치유해달라고, 그래서 앨런을 완벽하게 만드는 그의 순결함과 사랑, 울음과 웃음의 진가를 발견하게 해달라고 기도합니다."

앨런의 어머니는 이렇게 덧붙였다. "물론 늘 이렇게 긍정적인 태도를 유지하는 것은 아니에요. 특히 중요한 결정을 내려야 할 때는 앨런을 위해 옳은 결정을 내리고 있는지 걱정을 많이 합니다. 우리에게는 다른 아이들도 있잖아요. 그 아이들에게 시간과 관심을 충분히 기울이고 있는 걸까, 하는 생각이 들 때는 금세 초조해져요. 하지만 그런 의심과 씨름할 때마다 다시 용서로 되돌아갑니다. 우리가 앨런에게 부모로서의 역할을 잘할 수 있느냐는 용서가 좌우해요. 우리의 결혼 관계도 그렇고요. 서로에게, 아이들에게, 그리고 하나님께 "미안해요"라고 말하는 건 아주 중요합니다. 그러면 마음에 평화가 찾아오고 다시 시작할 힘이 생깁니다. 앨런이 자기가 좋아하는 음악을 크게 틀고 함께 춤추자고 팔을 잡아당길 때 아이와 발을 맞추며 함께 웃을 수 있게 됩니다."

자신에 대한 용서

용서를 통해 우리가 저지른 잘못의 결과에서 벗어나지 않으면,
돌이킬 수 없는 과거에 갇혀 행동하는 능력마저 잃고 만다.
마치 마법의 주문을 풀지 못하는 수습 마술사처럼
자신이 저지른 잘못의 희생자가 되는 것이다.

한나 아렌트

자신에게 상처 준 사람을 용서할 때 우리는 대개 이렇게 말한다.
"더는 당신에게 악감정이 없습니다. 제 마음을 있는 그대로 받아
주세요. 그것 외에 당신이 할 일은 없습니다." 직접 이런 말을 하
지 못하더라도 상대가 정말 그래주길 바란다. 하지만 용서를 받아
들이는 것은 그리 쉬운 일이 아니다. 마음에 새겨진 죄책감은 다
른 사람의 용서나 외부 수단으로 해결되지 않는 경우가 많다. 그
들이 마음의 평안을 얻는 길은 스스로 자신을 용서하는 길뿐이다.

델프 프란샴 선생님과 나는 1953년에 처음 만났다. 델프 선생

님은 미국 출신으로 고국을 떠나 남미에 있는 외딴 마을에 와서 아이들을 가르치셨다. 선생님 반 학생은 11명이었고 전부 사내아이에 말썽꾸러기였다. 첫 학기가 시작되고 며칠 만에 우리는 선생님을 골탕 먹이기로 작정했다.

33도가 넘는 어느 무더운 아침, 우리는 선생님에게 도보 여행을 하자고 제안했다. 파라과이의 주변 경관을 보여드리고 싶다고 핑계를 댔지만, 사실은 선생님이 어떤 분인지 알아보려는 속셈이었다. 우리는 10킬로미터에 달하는 정글과 초원, 늪지를 통과해 학교로 향했다. 예상대로 선생님은 학교에 도착하자마자 열사병으로 쓰러지셨다.

선생님은 며칠간 앓아누우셨다. 그래도 우리는 크게 신경 쓰지 않았다. 선생님이 계집애처럼 허약한 사내라는 걸 확인했으니 우리로서는 소기의 목적을 달성한 셈이었다. 그런데 며칠 후 학교에 출근한 선생님이 우리를 적잖게 놀라게 했다. "얘들아, 그때 했던 하이킹 한 번 더 하지 않을래?" 믿을 수가 없었다! 우리는 지난번과 똑같은 길을 걸었다. 그러나 이번에 선생님은 더위에 무릎 꿇지 않으셨다. 그날 이후 우리는 선생님을 존경하고 좋아했다. 타고난 운동선수였던 선생님은 우리에게 축구도 가르쳐주셨다. 그리고 우리와 함께 뛰는 걸 즐기셨다.

여러 해가 지난 뒤에야 선생님이 왜 그렇게 학생들에게 사랑과 열정을 쏟았는지 알게 되었다. 자신의 아이를 잃은 경험 때문이었다.

미국에 살 때 선생님에게는 20개월 된 아들이 있었다. 어느 날 선생님은 트럭에 땔감을 싣고 후진하다가 집 밖에서 놀던 어린 아들을 미처 보지 못했고, 끔찍한 일이 벌어지고 말았다.

남편이 축 늘어진 아이를 안고 집에 들어왔을 때 아내 케이티는 바쁘게 일하던 중이었다. 케이티는 그날을 이렇게 기억한다.

저는 제정신이 아니었습니다. 어쩔 줄 몰라 하는 저를 남편이 진정시켰어요. 그리고 검시관에게 아이를 데리고 가서 무슨 일이 있었는지 설명했습니다.

저는 당연히 남편을 용서했어요. 제 잘못도 아주 크다는 사실을 잘 아니까요. 남편은 저를 탓하지 않았어요. 하지만 자기 자신은 용서하지 못했죠. 우리는 그렇게 슬픔 속에 함께 서 있었습니다.

선생님은 여러 해 동안 자신을 용서하지 못했다. 그날의 기억이 늘 그를 따라다니면서 괴롭혔다. 그때부터 선생님은 아이들을 위해 시간을 투자했다. 자기 때문에 세상을 떠난 아들, 그 아들과는 두 번 다시 함께할 수 없는 시간을 아이들에게 쏟았던 것이다.

촉촉이 젖은 눈으로 우리를 바라보시던 모습이 지금도 종종 기억이 난다. 선생님은 우리에게서 아들의 모습을 보았던 걸까?

아장아장 걷던 아들이 소년이 된 모습을 상상했던 걸까? 이유가 무엇이었든, 선생님이 학생들에게 쏟는 사랑은 의도치 않게 아이의 목숨을 빼앗아 자신과 가족에게 괴로움을 안긴 것을 보상하려는 몸부림 같았다. 그런 몸부림을 통해 선생님은 음울한 생각과 자꾸만 커지는 죄책감에서 헤어날 수 있었을 것이다. 다른 이들을 사랑함으로써 자신을 용서하고 평화를 되찾을 수 있었던 것이다.

어느새 일흔이 다 된 데이비드 하비는 2차 세계대전 막바지에 군에 입대했다. 당시 그의 나이 열여섯 살이었다. 전쟁 기간에는 주로 훈련을 받으며 보냈고, 이후 아프리카, 이어서 독일, 이탈리아, 홍콩, 중국, 지중해 국가에 배치되었다. 처음에는 군 생활을 즐겼다. 특히 동료 병사들 사이에서 동지애가 느껴져 좋았다. 그러나 얼마 안 되어 그의 인생을 송두리째 바꾸어놓은 사건을 경험하게 되었다.

케냐에 배치되어 치안을 유지하는 일을 담당하고 있었습니다. 테러범을 색출하는 것이 주된 임무였죠. 대부분의 시간을 정글을 순찰하며 보냈습니다. 그러던 어느 날 순찰 중에 끔찍한 일이 발생했습니다.

매복하면서 테러 집단이 지나가기를 기다리던 중 역습을 당한 겁니다. 갑자기 총알이 빗발치자 우리는 혼란에 빠졌고 지령을 오해하고 말았습니다. 2개 조로 나뉜 순찰대 중 제가 속한 조는 동물들의 이동로를 따라 직진했고, 또 한 조는 동물 이동로 옆에 난 덤불을 베면서 길을 만들었습니다. 그런데 길을 내던 동료들이 우리를 앞지르자 당황한 양쪽이 서로 총을 발사하기 시작한 겁니다. 저도 총을 쐈습니다. 제가 쏜 총알은 덤불이 갈라지는 곳에 서 있던 소대장의 머리를 맞히고 말았습니다. 우리는 적을 추적하는 일을 중단하고 중상을 입은 소대장을 대나무로 대충 만든 들것에 실어 후송했습니다. 후송에만 16시간이 걸렸고 소대장은 아주 위급한 상태였습니다.

군 조사위원회가 소집되었습니다. 저의 책임이 아니라는 결과가 나왔지만, 양심의 가책은 사라지지 않았습니다. 4년 뒤 복무를 마친 저는 일반 시민으로 돌아갔습니다. 처음에는 적응하기가 쉽지 않았습니다. 군대에서는 이름 대신 군번을 받았고 명령이 떨어지면 그것이 무엇이든 이의 없이 수행해야 했습니다. 그렇게 하는 것이 옳다고 믿었고요. 하지만 사회에서는 그렇지 않았습니다. 그래도 서서히 일상으로 돌아갔고 과거의 일을 되짚어볼 여유도 찾았습니다. 그때마다 제가 총으로 쏜 소대장이 생각났습니다. 그 사람은 지금 어디 있을까? 잘 지내고 있을까? 살아 있기나 한 걸까?

몇 년 뒤, 저는 직접 그를 찾아보기로 했습니다. 어디에서 어떻게 살고 있는지 알아보려 했지만, 번번이 허탕만 쳤습니다. 군 동료를 몇 명 만나서 물어보았지만, 저마다 이야기가 달랐습니다. 그러던 중 1996년에 아내 매리언과 그때의 사건을 기록한 책을 읽게 되었습니다. 곧바로 저자에게 전화를 걸었죠. 최근에는 그를 만난 적이 없지만, 런던에 산다는 이야기를 들었다고 하더군요.

또 허탕이구나, 했죠. 실망이 되긴 했지만, 지역 신문사에 도움을 요청해보기로 했습니다. 신문사에서는 저의 사진과 함께 사연을 실어주었습니다. 기사가 나가고 이틀 만에 여러 해 동안 찾아헤맸던 그에게서 전화가 왔습니다!

몇 통의 전화를 주고받은 뒤, 우리 집에서 만나기로 했습니다. 그날 그는 선물을 들고 우리 집을 찾아왔습니다. 자신을 총으로 쏜 저를 위해서요! 그는 저 때문에 한쪽 몸이 마비되어 제대로 걷지도 못했습니다. 움직일 때마다 많이 불편해 보였죠. 그에게 물었습니다. "정말로 저를 용서해주실 수 있나요?" 그는 대답 대신 가만히 저를 안아주었습니다. 이미 오래전에 저를 용서했던 겁니다.

감리교 목사 존 플러머는 버지니아 주에 있는 한적한 마을에서 평온한 삶을 살고 있다. 하지만 그의 인생이 항상 그렇게 고요했던 것은 아니다. 1972년 6월 8일, 미군 전투기가 베트남 사이공 근교 트랑 방 마을에 네이팜탄을 투하했다. 당시 전신에 3도 화상을 입은 아홉 살 소녀 판 티 킴 푹이 벌거벗은 채 거리로 뛰쳐나오는 장면을 찍은 보도 사진은 퓰리처상을 받기도 했다. 존은 바로 그 사건과 관계가 있었다. 당시 헬리콥터 조종사였던 그는 트랑 방 마을에 네이팜탄을 투하하는 데 관여했다.

소녀의 사진은 전 세계 많은 사람에게 전쟁의 참상을 알리는 데 큰 역할을 했다. 그리고 그와 동시에 24년간 끊임없이 존을 쫓아다녔다. 화상을 입은 아홉 살 소녀는 카메라를 향해 절규했고 그 뒤로는 검은 연기 기둥이 솟아올라 하늘을 덮었다.

존은 24년 동안 양심의 가책으로 괴로워했다. 사진 속 소녀를 찾아가 용서를 빌고 싶은 마음이 간절했지만, 불가능한 일이었다. 자책감에 시달리던 존은 우울증에 걸렸고 두 번의 결혼은 실패로 끝났다. 그 후 그는 술에 의지하며 살았다.

그런데 믿지 못할 일이 일어났다. 1996년, 참전군인의 날에 열린 베트남전 추모 행사에서 사진의 주인공 킴을 만난 것이다. 킴은 평화의 화환을 바치기 위해, 존은 참전 조종사들과 함께 추모 행사에 참석하기 위해 워싱턴에 왔다. 존과 동행한 참전 조종사들은 하나같이 과거에서 벗어나지 못하고 양심의 가책으로 괴로워했다. 그래서 같은 경험을 공유한 이들끼리 서로 연락하면서 추모 행사가 있으면 함께 참석하곤 했다.

청중 앞에 선 킴은 자신을 그 유명한 사진의 주인공으로 소개했다. 그때 입은 화상으로 지금도 말로 다할 수 없는 통증에 시달리고 있지만, 증오심은 남아 있지 않다고 했다. 그리고 그때 자신보다 더 큰 고통을 받은 사람이 많았다는 사실을 사람들이 알아주기를 바란다고 했다. "제 사진 뒤에서 수많은 사람들이 죽어갔습니다. 신체 일부를 잃은 사람도 많았습니다. 사람들의 삶이 송두리째 파괴됐지만, 그런 모습은 사진에 담기지 않았습니다."

이제 와서 과거를 돌이킬 수는 없지만, 그때 폭격에 가담했던 사람들을 이미 용서했고 미국과 베트남의 선의를 증진하여 평화를 일구는 일에 소명을 느낀다고도 했다. 킴의 이야기를 들은 존은 정신 나간 사람처럼 사람들을 밀치고 연단으로 나갔다. 그리고 경찰의 보호를 받으며 행사장을 빠져나가던 킴에게 간신히 다가가 자신은 베트남전 참전 조종사이며 24년 전에 그 마을을 폭격한 작전에 가담했다고 말했다.

킴은 제가 느끼는 고뇌와 고통, 비애를 이해했습니다. 두 팔을 뻗어 저를 안아주더군요. 제가 할 수 있는 말은 이것밖에 없었습니다. "미안해요. 미안해요." 제가 그 말을 반복하는 동안 킴은 이렇게 말했습니다. "괜찮아요. 용서할게요."

킴을 직접 만나서 그녀가 입은 부상을 생각하며 여러 해 동안 괴로웠다고 이야기한 것이 존에게는 정말 중요했다. 자기를 괴롭혀온 그 일을 털어놓을 기회가 없었다면, 그가 과연 자신을 용서할 수 있었을지 알 수 없다. 물론 그 일을 통해 존은 자신이 바랐던 것보다 더 큰 것을 얻었다. 킴이 그를 용서했으니 말이다.

존은 자신의 삶을 변화시킨 그 만남을 생각하며 이렇게 말했다. "용서는 노력해서 얻는 것도, 받을 자격이 있어서 받는 것도 아닙니다. 용서는 선물입니다." 또한 용서는 미스터리다. 어떻게 그렇게 짧은 만남이 24년간 사라지지 않던 악몽을 말끔히 씻어버릴 수 있는지, 존은 아직도 이해할 수가 없다.

또 한 명의 베트남전 참전 군인인 팻은 온화하고 조용한 성격에 아이들과 말을 좋아한다. 그러나 그를 처음 만나고 7년의 세월이 지나면서 그에게도 어두운 면이 있다는 사실을 알게 되었다. 팻은 자신을 용서하지 못하고 있었다.

죽음에 대한 생각이 머릿속을 떠나지 않습니다. 제가 누군가를 죽게 했던 일, 그리고 이제 그만 죽고 싶다는 생각이 매일 저를 따라다닙니다. 함께 일하는 사람들에게 우스갯소리를 많이 합니다. 내면의 고통을 숨기고 생각에 골몰하는 걸 막으려고요. 웃어야 합니다. 웃음이 우울함을 쫓아내니까요.

사랑할 수가 없습니다. 영혼 한 부분을 잃어버렸는데, 어디에서 다시 찾아야 할지 모르겠습니다. 제가 저지른 일 때문에 자신을 용서할 수가 없습니다. 그런 날이 과연 올까요? 그저 하루하루 살 뿐인데, 매순간 지칩니다. 지쳐요. 언제쯤 끝이 날까요? 과연 끝이 나기는 할지 모르겠어요. 이렇게 산 지 벌써 25년이 넘었습니다.

팻과 같은 부류에게 우리는 종종 정신 상담을 권한다. 상담을 지원하는 단체에 가입하거나 비슷한 경험을 가진 사람들이 함께 모여 서로의 경험을 나누는 집단 요법을 시도해보라고 추천하기도 한다. 팻도 그러한 시도를 한 번씩 해보았다. 하지만 효과가 없었다. 어쩌면 존이 그랬던 것처럼 자기가 죽인 사람들의 가족을 만나거나 희생자들이 되살아나 그들에게 용서를 구할 기회가 생기길 바라는지도 모르겠다. 하지만 둘 다 불가능한 일이다. 그러면 팻은 과연 어떻게 해야 할까?

정신과 의사 로버트 콜스가 정신분석학자 안나 프로이트와 나눈 대화에서 실마리를 찾을 수 있을지도 모르겠다. 오랫동안 심각한 심리 불안에 시달려온 노인 내담자에 관해 이야기하던 중 안나 프로이트는 이렇게 말했다.

다음 사례로 넘어가기 전에, 이 환자에 대해 생각해보아야 합니다. 이 환자에게 어떤 진단을 내릴지 생각해보자는 말이 아닙니다. 이 환자에게 우리가 바라는 게 뭔지 생각해보자는 말입니다. 심리 치료 방법에 대한 이야기가 아닙니다. 심리 치료는 받을 만큼 받았습니다. 정신 분석이요? 정신 분석을 하려면, 좋으신 주님이 이 환자에게 허락한 시간보다 훨씬 더 긴 시간이 필요할 겁니다. '우리' 같은 사람은 이미 충분히 만났습니다. 이 환자에게는 더 이상 우리 같은 사람이 필요하지 않습니다. 필요한 건… 용서입니다. 이 사람은 자신의 정신에 대해 이야기할 것이 아니라 자신의 영혼과 화해해야 합니다. 어딘가에 이분을 돕고 이야기를 들어주고 치유해줄 신이 있을 겁니다. 이 점에서 우리가 이 환자에게 도움을 줄 수 있는 존재가 아니라는 건 분명합니다!

안나 프로이트의 말은 하나님을 믿지 않는다고 말하는 사람에게도 유효하다. 우리는 저마다 자기 안에서 지워버리고 싶은 부분과 화해해야 한다. 우리는 모두 죄책감에서 벗어나기를 열망한다. 모두가 용서를 갈망한다.

그러나 모든 것을 고려해볼 때 노력한다고 해서 용서를 손에 넣을 수 있는 것은 아니다. 상처 입은 사람이 우리를 도저히 용서하지 못할 수도 있고, 용서할 마음이 없을 수도 있다. 최고의 정신분석이나 가장 진실한 죄의 고백도 지속적인 평안과 치유를 보장하지 못한다.

그러나 용서는 여전히 힘이 있다. 존 플러머가 깨달은 것처럼 우리가 노력해서 얻는 것도, 받을 자격이 있어서 받는 것도 아니라는 사실을 확실히 알고 있을 때조차도 용서는 놀라운 힘을 발휘한다. 그리하여 우리가 스스로 용서받을 자격이 없다고 생각하는 순간에도 선물처럼 우리를 찾아온다. 선물이라는 것은 본래 받을 수도 있고 거절할 수도 있다. 용서라는 선물을 받을지 말지는 우리의 몫이다.

책임지기

구체적인 죄를 고백할 때 노인은 형제의 눈앞에서 고통스럽고 수치스러운 죽음을 경험한다. 이 굴욕감이 너무나 크기에 우리는 끊임없이 그것을 피할 책략을 세운다. 그러나 형제 앞에서 한없이 낮아지는 정신적, 신체적 고통 속에서 우리는 구원을 받는다.

디트리히 본회퍼

여기까지 읽은 독자라면 누구도 상처를 치유하는 용서의 힘을 부인하지 않을 것이다. 아무리 치유가 불가능해 보이는 상황에서도 마찬가지다. 용서의 힘은 이해하기 쉽지 않으나 확실히 존재한다. 또한 용서는 그 힘이 아주 세서 사람들은 종종 조금 더 이성적인 본능을 거스르는 것으로 용서를 이해하곤 한다. 그러나 용서를 가볍게 이야기하거나, 옆에 있는 나무라도 능히 잡아 뽑을 수 있는 것처럼 행동하는 것은 위험하다.

물론 우리는 용서를 가볍게 주고받을 때도 있고 삶의 추악한

이면을 눈가림하는 데 용서를 이용할 때도 있다. 하지만 그러한 용서는 계속해서 힘을 발휘하지 못한다. 용서하는 사람이나 용서 받는 사람에게 마음의 변화가 뒤따르지 않으면, 말이 아무리 진심 이라고 해도 빛이 바랜다. 다시 말해서, 용서가 지속적으로 영향 을 끼치려면, 대가를 치러야 한다.

그저 순간적으로 마음이 움직였다가 예전과 똑같은 행동을 반 복한다면, 용서를 구하는 것이 아무 가치가 없다. 용서는 선물이 고 여기에는 어떠한 조건도 붙지 않는다. 그러나 용서로 우리가 변화되지 않는다면, 그것이 대체 무슨 소용이 있을까?

캘리포니아 주에 있는 한 가정 교회에 속해 있던 마크와 데비 부부가 이런 엄연한 현실을 경험했다.

비행을 간과하거나 은밀히 감출 때 얼마나 끔찍한 결과가 발생 하는지 수년간 목격했습니다. 우리는 몇몇 사람들과 작은 공동 체에서 함께 살았습니다. 그런데 공동체 안에서 미혼 남성과 유 부녀가 눈이 맞은 겁니다. 우리 중 몇 사람이 두 사람을 따로 찾 아가 관계를 바로잡으려고 했습니다. 하지만 누구도 이 일을 공 개적으로 문제 삼으려고 하지는 않았습니다.

누군가를 판단하는 것이 두렵기도 했고, 공개적으로 문제 삼 을 만큼 심각하지는 않다고 믿고 싶기도 했습니다. 누구나 실수 는 하지 않습니까? 누가 누구를 판단하겠습니까? 정식으로 문제

삼아봐야 두 사람의 수치심과 자책감만 가중될 뿐이고, 실패의 악순환이 계속될 것이라고, 우리는 그렇게 스스로를 납득시켰습니다. 결국 우리는 두 사람의 부족함을 용서하려고 했고 그 문제를 더 이상 거론하는 것을 피했습니다. 그러나 연민은 문제를 영속시켰습니다. … 남자는 결국 공동체를 떠났고, 그와 관계를 맺은 여자는 2년 뒤에 남편과 이혼하고 그를 따라갔습니다.

드문 일도 아니다. 이런 일은 어디에서나 일어나고, 얼핏 보면 용서와 별로 관계가 없어 보인다. 죄를 분명하게 인정하지도 않았으니 구원이 끼어들 여지도 없다. 그러나 뿌리를 들여다보면 사실 이 일은 용서와 깊은 관련이 있다. 만약 처음부터 문제를 직면했다면, 다른 결과가 나왔을지 누가 알겠는가?

너무 빤한 이야기처럼 들리겠지만, 잘못을 시인하고 자신에게 용서가 필요하다는 사실을 인정하지 않으면 진정으로 용서받을 수 없다는 사실을 기억해야 한다. 내게 상처를 받은 사람에게든, (그게 불가능한 경우에는) 내가 신뢰하는 사람에게든 나의 잘못을 시인하고 용서를 구하는 것이 중요하다. 개중에는 이런 행위를 가톨릭교회의 '고해성사'로 여기고 거부하는 이들도 있다. 그런가

하면 죄를 고백하는 것이 도움이 되기도 한다는 걸 인정하면서도, 잘못을 시인하고 반복하지만 않으면 죄책감은 쉽게 사라진다고 주장하는 이들도 있다. 그러나 이것은 어리석은 생각이다. 잘못을 시인하는 즉시 죄책감이 몰려오기 마련이다. 톨스토이가 그런 식으로 자신을 용서해서 얻은 마음의 평화는 '영혼의 죽음'에 다름 아니라고 쓴 이유도 그 때문이다. 자신의 죄를 시인하고 용서를 구하는 겸손하고 정직한 사람들에게 찾아오는 진정한 평화와 비교할 수 있는 건 아무것도 없다.

죄책감은 은밀하게 작용한다. 따라서 밖에 꺼내놓으면 힘을 잃는다. 그런데 의로운 사람처럼 보이고 싶은 욕망이 잘못을 시인하지 못하게 우리를 가로막곤 한다. '어리석은 선택이나 멍청한 실수를 꼭 드러내야 하는가?' 이런 생각을 하면 할수록 괴로움은 더 심해진다. 그러면 죄책감에 죄책감이 더해지고, 우리는 결국 죄책감에 짓눌려 옴짝달싹 못한다.

실제로 적지 않은 이들이 과거에 저지른 잘못으로 수십 년 또는 평생 괴로워하며 산다. 1991년 2월 3일, 한국 전방의 한 부대에서 일어난 자살 사건에 연루된 이들도 20년 가까이 과거의 기억과 죄책감에서 벗어나지 못했다. 갓 자대 배치를 받은 이등병 남 씨는 훈련을 마치고 돌아온 다음 날 스스로 목숨을 끊었다. 숨진 남 씨의 몸에 멍 자국과 폭행으로 인한 상처가 발견되었지만, 타살로 볼 만한 증거는 없었다. 내무반의 동료들은 헌병대 조사에서 남 씨가 자살을 할 만한 일이 없었다고 증언했다. 결국 이 사건은 부대 생활에 적응하지 못한 남 이병이 스스로 목숨을 끊은 것으로 결론이 났다.

그러나 남 씨의 가족은 수사 결과를 받아들일 수 없었다. 남 씨는 늘 밝은 얼굴로 최선을 다했고 대학에서는 통일 운동에 열정을 다했었다. 방학 때는 학비를 벌기 위해 공사장에서 일할 정도로 체력과 의지도 강했다. 가족과 학우들은 진상 규명을 요구했지만, 군은 장례를 치르고 사건을 마무리했다.

그 일로 가족은 큰 상처를 입었다. 이웃의 수군거림에 남 씨 가족은 그해 10월 고향을 떠나 다른 곳으로 서둘러 이사했다. 아들의 억울한 죽음은 부모의 가슴에 큰 아픔을 남겼고, 남 씨의 어머니는 심장병을 얻어 자리에 누웠다.

그러나 진실은 침묵하지 않았다. 2006년, 진실화해위원회가 활동을 시작하자 남 씨의 가족은 진상을 밝혀달라고 요청했다. 결국 2009년 3월, 진실화해위원회는 남 이병이 부대 구타 관행의 희생자였음을 밝혀냈다.

당시 남 씨가 근무했던 부대의 지휘관 두 명과 동료 두 명이 뒤늦게 털어놓은 이야기가 많은 힘이 되었다. 20년 가까이 속에 감춰두었던 진실을 밝힌 것이다. 동료 병사였던 홍 씨는 위원회에 이렇게 말했다. "가슴이 아픕니다. 이렇게 되어 미안한 마음입니다. 유족에게 사죄를 드립니다. 지금까지 사실대로 말하지 못한 것이 더 죄송스럽고 그렇습니다." 남 씨를 구타한 적이 있는 김 씨도 자신의 행동을 반성했다. "이 일로 오라고 할 때마다 고인을 구타하고 가혹 행위를 한 것에 대한 죄책감으로 늘 마음이 무거웠습니다. 위원회에서 자리를 마련해준다면 용기를 내서 유족들에게 사과하고 용서받는 기회를 갖도록 하겠습니다."

네 사람은 진실화해위원회가 마련한 묘소 참배와 유가족과의 만남에도 용기를 내어 참석했다. 같은 해 5월 12일 아침, 경기도 모란공원에 있는 남 씨의 묘소를 찾은 중대장 황 씨는 이렇게 말했다. "사실 오늘 올라오지 않으려고 했어요. 그런데 안 오면 나중에 저승 가서 고인을 볼 면목이 없을 것 같아서요." 같은 날 오후 진실화해위원회 서울 사무실에서 유가족을 만난 이들은 죄송하다고 사죄했다. 용서는 쉽지 않았다. 남 씨의 형은 이렇게 말했다. "동료, 상사 분들께 고맙다는 말씀을 드리고 싶습니다. 하지만 한꺼번에 이해하고 용서하기는 유가족 입장에서 쉽지 않습니다. 잘못을 빌 수 있는 용기가 고맙습니다." 소중한 가족을 잃은 상처도 컸지만, 누구 하나 죄를 시인하고 책임지는 사람이 없어서 유가족은 더 상처가 깊었다. 군 차원에서도 자체적으로 진실을 밝히기 위해 노력하고 상처 입은 유가족에게 진심으로 사과해야 했다. 남 씨의 군 동료들이 자신의 잘못을 고백하고 사죄했다고 해서 오랜 시간 상처를 안고 살아온 유가족이 그들을 한순간에 다 용서할 수는 없다. 이제 겨우 첫발을 뗐을 뿐이다. 그러나 용서를 구한 이

들이 털어놓았듯이 지난 20년 가까이 갇혀 있었던 어둠의 터널을 벗어나는 계기가 된 것만은 틀림없다.[7]

자신의 잘못을 인정할 때 찾아오는 이러한 자유에 대해서 스티브는 이렇게 말한다.

내면의 평화를 찾기 위해 온갖 종교에 심취해보고 심리학도 공부해봤지만, 언제나 부분적인 답을 얻는 것으로 끝났습니다. 제 인생이 사실은 엉망진창이었음을 깨닫고 나서야 변화와 용서가 절실히 필요하다는 사실을 인식했습니다.

중대한 전환점은 의도치 않게, 설명할 수 없는 방법으로 찾아왔습니다. 어느 날 문득 지나온 길을 돌이켜보니 내가 한 잘못이 산더미처럼 쌓여 있더군요. 그동안 자만심 때문에, 그리고 다른 사람들에게 근사해 보이고픈 욕망 때문에 눈이 멀어 진실을 보지 못했던 겁니다. 안개가 걷히자 그동안 제가 저지른 죄에 대한 기억이 마치 증오의 강처럼 쏟아졌습니다.

그러자 제 안에 어둡고 추하고 감춰진 것이 아무것도 없었으면 좋겠다는 바람이 강하게 밀려왔습니다. 자유로워지고 싶었습니다. 제가 저지른 잘못을 보상하고 싶었습니다. 철이 없어서, 상황 때문에, 나쁜 친구들 때문에 그랬다고 변명하지 않았습니다. 제가 저지른 일에 대한 책임을 받아들였습니다.

그래서 제가 잘못한 일에 대해 자세히 기록했습니다. 마치 회개의 천사가 제 가슴에 검을 휘두르는 것처럼 고통스러웠지만, 제가 속이고 훔치고 거짓말한 사람들과 단체에 편지를 썼습니다. 마침내 진정한 자유를 찾았습니다.

《까라마조프 씨네 형제들》에는 살인죄를 수십 년간 숨겼던 사람이 마침내 죄를 털어놓은 뒤에 맛보는 해방감을 묘사하는 대목이 나온다. "정말 수십 년 만에 처음 느끼는 기쁨과 평화예요. 제 가슴에는 지금 천국이 살고 있어요." 실제 살인을 저지른 사람에게 '천국'은 좀처럼 쉽게 다가오지 않을 것이다. 그렇다고 가능성마저 배제해서는 안 된다.

나는 코넬 대학교 출신으로 연쇄 강간 살인을 저지르고 수감 중인 마이클 러스와 몇 년 전부터 편지를 주고받았다. 그가 저지른 끔찍한 범죄와 피해자들이 겪었을 공포, 피해자 가족이 겪어야 했던 슬픔을 감안할 때, 대다수 사람들이 그를 경멸하는 것은 전혀 놀랄 일이 아니다. 사람들은 그가 초래한 엄청난 고통에 비하면 그를 증오하는 것 정도는 아무것도 아니라고 생각한다.

그렇다면 마이클이 겪은 고통에 대해서는 어떻게 생각할까? (처음 그를 만나러 간 날, 면회를 마치고 작별 인사를 건네며 포옹하자 마이클은 울음을 터트리며 그대로 무너져 내렸다. 20년 동안 그를 안아준 사람이 아무도 없었다.) 마이클이 수년 동안 자신이 저지른 일을 깊이 후회했다는 사실에 대해서는 어떻게 생각할까? 마이클은 언젠가 편지에 이렇게 썼다.

> 심한 죄책감을 느낍니다. 강렬하고 압도적이고 구석구석 스며드
> 는 죄책감이 자기혐오와 회한, 슬픔의 고통스러운 먹구름으로
> 제 영혼을 휘감습니다. … 제가 가장 열망하는 것, 그것은 바로
> 화해입니다. 저로 인해 희생당한 사람들, 그들의 가족들 및 친구
> 들과 화해하고 싶습니다. 그리고 마침내는 저 자신, 그리고 하나
> 님과 화해하고 싶습니다.

마이클이 희생자 가족에게 용서를 받을 가능성은 아주 희박하
다. 사형에서 무기징역으로 감형해주는 법원의 판결이 나올 가능
성도 전혀 없다. 그래도 나는 지금도 법이 부여한 운명이 최종 선
고는 아니라는 것을 마이클이 알게 되길 바란다.

영혼의 괴로움이 얼마나 심하든 그것과는 상관없이, 자발적으
로 자신의 죄와 책임을 인정하는 마이클 같은 사람은 설득이나 위
협 때문에 어쩔 수 없이 죄를 시인하는 사람보다 구원을 얻을 가
능성이 훨씬 크다. 죽는 날까지 용서받지 못할지라도, 우리는 용
서의 능력이 그의 마음을 어루만지기를 희망하고 그럴 것이라고
믿어야 한다. 그가 필사적으로 용서받기를 열망하고, 용서를 받을
자격을 갖추기로 결심했다면 말이다.[8]

용서에 개인의 삶을 변화시키는 힘이 있는 건 분명한 사실이다. 그러나 우리가 잊지 말아야 할 것은 용서 안에 개인의 삶을 넘어 더 폭넓은 차원의 변화를 이끌어낼 힘이 있다는 것이다. 한 개인 안에서 시작된 변화는 주변 사람들에게도 영향을 끼친다. 파문이 점점 넓게 퍼져나가듯 한 사람에게서 다음 사람에게로 퍼져나간다.

약 150년 전, 독일 남서부 슈바르츠발트에 있는 뫼트링겐이라는 마을이 바로 그러한 변화를 경험했다. 지금은 유명한 목사인 요한 크리스토프 블룸하르트는 당시 마을 사람들의 무관심과 냉담함에 한숨짓는 날이 많았다. 호기심 어린 눈으로 뫼트링겐 교회를 보러 오는 방문객이 끊이지 않는 오늘날에도 이곳은 예전과 똑같이 생기 없고 조용하다. 오래된 목조 건물에 붙어 있는 명판만이 이 마을을 휩쓸었던 놀라운 사건을 증언할 뿐이다. "사람아, 영원을 생각하고 은혜의 시간을 경시하지 마라. 심판이 가까이 왔다!"

'뫼트링겐의 각성'으로 알려진 이 사건은 1843년 12월 31일 밤에 시작되었다. 술주정뱅이에다 성미가 급하기로 유명한 청년이 교회 목사관 문을 두드리며 블룸하르트를 만나게 해달라고 했다. 집 안으로 들어온 청년은 지난 한 주 동안 한숨도 못 잤다고 털어놓았다. 양심을 찌르는 무거운 일을 털어놓지 않으면 죽을 것 같다고 했다. 처음에는 경계하며 거리를 두던 블룸하르트도 자신이 저지른 크고 작은 죄를 모조리 털어놓는 그를 보고 그의 고백이 진실하다는 것을 알게 되었다.

그 후 유례없는 고백의 물결이 마을에 밀려들었다. 과거의 일을 후회하는 사람들이 하나둘 찾아와 은밀한 죄를 털어놓고 깨끗한 양심으로 홀가분하게 새로운 삶을 살고 싶어 했다. 1844년 1월 27일까지 16명이 목사관을 찾아왔다. 그 후 사흘 만에 숫자는 35명으로 늘었고, 열흘 후에는 150명이 넘었다. 이윽고 인근 마을 사람들까지 목사관을 찾아오기 시작했다.

뫼트링겐에서는 대부분의 신앙 부흥에서 발견되는 감정 과다가 거의 없었다. 자신의 악함을 과장되게 이야기하거나 사람들 앞에서 회개를 천명하지 않았다. 너무나 조용하고 차분했다. 양심의 가책을 느낀 다양한 계층의 사람들이 갑자기 자신의 비열한 행실과 추레한 모습을 돌아보았고 오래된 습관에서 벗어나야 한다고 느꼈다.

무엇보다도 이 운동은 언어와 감정을 뛰어넘어 회개와 용서를 구체적으로 표현하는 것으로 이어졌다. 훔친 물건은 돌려주었고, 원수들은 화해했고, 부정한 행위를 실토하고 깨어진 결혼 관계를 회복했다. 유아 살해를 포함한 범죄들이 해결되었다. 주정뱅이들까지 영향을 받아 술집을 멀리했다.

블룸하르트의 후손을 만나기 위해 지난 몇 년간 뫼트링겐을 몇 차례 방문했다. [그의 글에 영향을 많이 받은 부모님은 그의 이름(요한)을 따서 내 이름을 지으셨다.] 그곳에서 일어난 영적 각성은 유일무이한 사건이었을까, 아니면 다른 곳에서도 비슷한 일이 있었을까, 하고 자문하곤 한다. 나는 후자라고 생각한다. 한 사람이 회개하며 발견한 용서의 힘이 그의 시대에 그렇게 널리 영향을 끼쳤다면, 우리 시대에도 그러한 일이 일어날 수 있다고 믿지 못할 이유가 무엇이 있겠는가?

길고 힘겨운 여정

그때에 베드로가 나아와 이르되 주여 형제가 내게 죄를 범하면 몇 번이
나 용서하여주리이까. 일곱 번까지 하오리이까. 예수께서 이르되 네게
이르노니 일곱 번뿐 아니라 일곱 번을 일흔 번까지라도 할지니라.

마태복음 18장 21-22절

1986년 7월 12일, 미국 뉴욕 시 경찰관 스티븐 맥도널드는 순찰
을 돌기 위해 센트럴파크에 들어섰을 때 수상한 기운을 느끼지 못
했다. 관할 지역에서 자전거 도난과 같은 작은 사건들이 발생했지
만, 심각한 사건은 없었던 터다. 파트너인 피터 킹 경사와 스티븐
은 주변을 세심히 살폈다. 늘 하는 일이었다. 그러나 잠시 후 두 사
람은 수상해 보이는 십 대 무리와 마주쳤다.

우리가 경찰이라는 걸 알아차리자마자 아이들은 황급히 달아났
습니다. 우리는 반사적으로 쫓아갔지요. 동료와 저는 서로 다른

방향에서 쫓았습니다. 30미터 정도를 추격한 끝에 아이들을 붙잡아 이렇게 말했습니다. "어이, 친구들. 경찰관인데, 얘기 좀 하자." 이름과 주소를 확인하고 이렇게 물었습니다. "그런데 오늘 공원에는 왜 왔니?"

그때 제일 어려 보이는 아이의 다리 아래쪽에 뭔가 불룩한 게 보였습니다. 양말 안에 권총을 숨기고 있는 것 같더군요. 그래서 허리를 숙이고 검사를 하려고 했습니다. 그 순간 누군가 제 뒤로 돌아가는 것 같더니 세 아이 중에 가장 키가 큰 아이(나중에 알고 보니 열다섯 살이었습니다)가 제 머리에 총을 겨누더군요. 곧바로 귀를 뚫는 듯한 굉음이 들렸습니다. 총구에서는 불이 뿜어져 나왔고 총알이 제 오른쪽 눈 위로 날아왔습니다. 지금도 기억합니다. 주황색 불꽃이 총열을 빠져나오는 모습과 화약 냄새, 그리고 눈앞을 가리는 연기. 제가 뒤로 쓰러지자 그 아이는 다시 제 목에 총을 쏘았습니다. 그리고 땅에 드러누운 제 위에 서서 세 번째 총알을 발사했습니다.

너무나 고통스러웠습니다. 잠시 후에는 아무것도 느껴지지 않더군요. 죽어가고 있다는 걸 알았죠. 하지만 죽고 싶지 않았습니다. 너무나 무서웠어요. 제 파트너가 무전기에 대고 소리를 질렀습니다. "일공일삼 센트럴! 일공일삼 센트럴!" 그 신호를 들으니 제가 얼마나 위급한 상황인지 알겠더군요. 곧 정신이 아득해지면서 저는 눈을 감았습니다.

스티븐은 그 뒤 무슨 일이 벌어졌는지 전혀 기억하지 못한다. 무전을 듣고 가장 먼저 달려온 경찰관은 바닥에 무릎을 꿇고 피가 범벅이 된 채 스티븐을 안고 몸을 흔드는 킹 경사를 발견했다. 울고 있었다. 일분일초가 다급하다는 사실을 깨달은 경찰관은 재빨리 스티븐을 차 뒷좌석에 눕히고 스무 블록 떨어진 할렘 시 병원으로 전속력으로 차를 몰았다. 응급 구조대원과 간호사, 의사들이 즉시 치료를 시작했다. 스티븐은 48시간 동안 생사를 오갔다. 담당 의사가 경찰국장에게 이렇게 말하기도 했다. "살아나지 못할 것 같습니다. 작별 인사 할 수 있게 가족에게 연락하세요." 그러나 다행히 스티븐은 고비를 넘겼다.

의료진이 불가능한 일을 해냈습니다. 저를 살렸으니까요. 하지만 저는 이미 끔찍한 상처를 입은 뒤였습니다. 목을 관통한 총알이 척추를 건드려서 팔과 다리를 움직이지 못하게 되었고, 산소 호흡기 없이는 숨도 쉴 수 없게 되었습니다. 한순간에 저는 활동적인 경찰관에서 몸도 못 가누는 범죄 피해자가 되었습니다. 목 아래로는 전혀 움직이지 못했습니다.

　의사가 상태를 설명해주러 병실에 들렀을 때 아내 패티 앤도 그 자리에 있었습니다. 의사는 아내에게 제가 보호 시설에서 지내야 한다고 이야기했습니다. 결혼한 지 8개월밖에 되지 않았을 때였습니다. 아내는 스물세 살이었고 임신 3개월째였습니다. 아내는 그대로 바닥에 주저앉아 울음을 터뜨렸습니다. 몸 안에 꽁꽁 갇혀서 아내의 등을 토닥여줄 수도 없었지만, 저도 함께 울었습니다.

스티븐은 그 후 18개월 동안 뉴욕과 콜로라도에 있는 병원에서 지냈다. 마치 살아가는 법을 처음부터 다시 배우는 것 같았다. 다른 것이 있다면, 이번에는 다른 사람에게 온전히 의존하는 법을 배워야 한다는 거였다. 다른 사람의 도움을 받아야만 음식을 먹고 목욕을 하고 화장실을 갈 수 있었다.

사건이 발생하고 6개월 뒤 아내가 사내아이를 낳았습니다. 아기에게 코너라는 이름을 지어줬습니다. 코너는 저에게 살아야 한다고, 이전과는 다르게 살아야 한다고 하나님이 보내신 메시지 같았습니다. 저는 그 메시지에 답을 해야 했습니다. 그래서 저를 변화시켜달라고 기도했습니다. 새로운 사람이 되게 해달라고 빌었습니다.

기도를 하면서 저를 쏜 젊은 친구를 용서하고 싶은 마음이 생겼습니다. 기도에 대한 응답이었습니다. 제 안에 있는 부정적이고 파괴적인 감정, 예컨대 그 아이의 폭력적인 행동이 제 마음에 풀어놓은 분노와 원한, 증오 같은 감정에서 벗어나고 싶었습니다. 아내와 코너, 그리고 주변 사람들을 사랑하려면, 그런 감정에서 벗어나야만 했습니다.

코너가 태어난 지 얼마 안 되어 우리는 기자 회견을 했습니다. 제가 어떤 생각을 하면서 어떻게 지내는지 사람들이 궁금해했으니까요. 그 자리에서 아내는 저를 죽이려 했던 젊은 친구를 용서했다고 발표했습니다.

스티븐과 가해자 샤보드 존스는 완전히 다른 배경을 지닌 사람들이다. 스티븐은 백인이고 샤보드는 흑인이다. 스티븐은 뉴욕 롱아일랜드에 있는 중산층 주거 지역 나소 카운티에서 살고, 샤보드는 할렘가 임대 주택 단지에서 살았다. 전혀 다른 두 사람의 만남은 거기에서 끝날 수도 있었다. 하지만 스티븐은 그렇게 끝내고 싶지 않았다. 자신을 공격한 아이가 두 사람의 운명을 모두 바꿔놓았다는 생각이 들자 가해자에게 묘한 연민이 생겼다.

기묘하게도 우리는 친구가 되었습니다. 제가 먼저 편지를 썼습니다. 처음에는 답장이 없다가 나중에 답장이 왔습니다. 그리고 1-2년쯤 지난 어느 날 밤, 교도소에서 우리 집으로 전화를 걸어 제 아내와 아들, 그리고 저에게 용서를 구했습니다. 우리는 그의 사과를 받아들였고, 저는 앞으로 우리가 함께 일했으면 좋겠다고 말해주었습니다. 언젠가 그 친구와 함께 전국을 돌면서 폭력이 우리의 삶을 어떻게 바꾸어놓았고, 삶에서 가장 소중한 것이 무엇인지를 우리에게 어떻게 가르쳐주었는지 사람들에게 이야기할 수 있기를 바랐습니다.

몇 년 뒤, 편지 왕래가 끊겼다. 샤보드는 1995년 말에 출소했다. 그러나 출소한 지 사흘 만에 오토바이 사고로 세상을 떠났다. 사람들은 샤보드에게 손을 내민 스티븐의 노력이 쓸모없었다고 생각할지 모르지만, 스티븐은 그렇게 생각하지 않는다.

그 아이에게 저는 제복을 입고 완장을 찬 정부의 대리인이었습니다. 쓰러져가는 다세대 주택 주인들이 세입자들에게 더러운 아파트를 빌려주도록 허용하는 시스템의 일부였던 거지요. 가난한 이웃의 삶을 개선한답시고 고급 주택가에서 가난한 주민들(그들이 법을 준수하는 건전한 시민이든, 마약 밀매업자나 범죄자이든 상관없이)을 몰아내는 시市의 대리인으로 보았던 겁니다. 그에게 저는 부부 싸움 현장에 출동해서는 법률 위반 사항이 없다며 아무 조치도 하지 않고 떠나는 경찰관이었던 겁니다.

그에게는 제가 적이었습니다. 저를 한 인간으로 본 게 아닙니다. 사랑하는 사람들이 있는, 한 여자의 남편이자 한 아이의 아버지가 될 사람으로 보지 않았습니다. 샤보드는 자기가 사는 지역 사람들의 전형적인 편견을 그대로 받아들인 어린아이였습니다. 경찰은 인종차별주의자이고 폭력을 일삼으니 그들에게 맞서려면 무장을 해야 한다고 생각한 겁니다. 저는 그 아이를 비난할 수 없었습니다. 그의 가족이, 사회적 책임이 있는 사회 기관들이, 그의 부모가 함께 살 수 없게 만든 사람들이, 다시 말해 이 사회가 실패한 겁니다. 그가 저를 센트럴파크에서 만나기 훨씬 전에 말입니다.

스티븐의 집을 방문할 때마다 나는 제한적인 그의 일상에 놀라곤 한다. (1997년에 처음 만난 이후 우리는 친구가 되었다.) 나이 든 사람이 휠체어 신세를 져야 할 때도 너무나 힘든데, 활발하게 돌아다녀야 할 한창 나이에 갑자기 꼼짝할 수 없는 상황이 되면 마음이 더 황폐해지기 마련이다. 어디 그뿐이랴. 기관을 절개하고 연결한 호스를 통해 숨을 쉬고, 온전히 다른 사람에게 의지해서 살아야 한다. 갇혀 사는 느낌을 받지 않을 수 없다. 그러나 스티븐은 뜻밖에도 이런 현실을 담담히 받아들였다.

몸이 마비된 채 사는 것이 쉬운 일은 아닙니다. 지난 20년간 아내를 안아주지도 못했습니다. 어느새 청년이 된 코너와 캐치볼을 한 번도 못해봤습니다. 가끔은 이런 상황이 불만스럽고 힘들고 싫습니다.

그런데도 왜 용서한 걸까? 스티븐은 이렇게 말한다.

척추에 박힌 총알보다 가슴속에서 자라는 복수심이 더 끔찍하다고 믿으니까요. 만약 복수심을 안고 살았다면, 영혼의 상처는 더 깊어졌을 겁니다. 아내와 아들, 그리고 주변 사람들을 더 아프게 했겠지요. 육체에는 심각한 부상을 입었지만, 영혼이 상처받는 것만은 막고 싶었습니다.

물론 힘들 때도 있습니다. 몸 상태가 좋지 않을 때는 화가 나기도 합니다. 우울해지기도 했고요. 스스로 목숨을 끊고 싶었던 적도 있습니다. 그러나 결국 분노는 감정 낭비라는 걸 깨달았습니다.

물론 샤보드를 단번에 용서한 건 아닙니다. 시간이 걸렸죠. 14년 동안 천천히 이루어진 일입니다. 지금도 거의 매일 그날을 생각합니다. 하지만 그때마다 이렇게 말합니다. "그를 용서한 걸 후회하지 않아."

아내 패티 앤도 스티븐과 같은 감정을 느꼈다.

남편을 쏜 그 소년을 '정말로' 용서하는 것이 제게는 너무나 힘이 들었습니다. 그는 왜 그런 짓을 저질렀을까요? 지금도 저는 그 이유를 알고 싶습니다. 왜 제 아들은 다른 아이들이 자라면서 아버지와 나누는 이런저런 경험을 할 수 없는 걸까요? 우리는 지금도 그 생각과 씨름합니다. 그러나 우리가 부부로 잘 살아가기 위해서는 분노를 내려놓아야 한다는 것을 오래전에 배웠습니다. 만약 그러지 않았다면 남편과 저는 지금 여기까지 오지 못했을 겁니다. 분노와 같은 감정이 안에서 곪기 시작하면, 결국 내면과 외면을 모두 파괴해버리니까요.

오늘날 스티븐은 인기 강사로 뉴욕 시에 있는 학교를 돌며 자신의 경험을 들려줌으로써 대화의 물꼬를 트고 청중을 사로잡는다. 스티븐은 폭력의 악순환이 샤보드를 포함해 많은 이의 삶을 전염병처럼 파괴한다고 생각한다. 또한 사람들을 나누고 서로를 두려워하게 만드는 벽을 허물어야 악순환을 끊을 수 있다고 믿는다. 그리고 벽을 허무는 최고의 도구는 사랑과 존경, 용서라고 말한다.

스티븐은 로버트 F. 케네디의 말을 인용하곤 한다. "흑인과 백인, 부자와 가난뱅이, 청년과 노인, 유명인과 무명인 모두 폭력의 희생자입니다. 무엇보다 중요한 것은 그들이 인간이라는 점입니다. 그들은 다른 이에게 사랑받는 존재이자 꼭 필요한 사람입니다." 스티븐은 강연할 때마다 자신에게 끊임없이 영감을 주는 마틴 루터 킹의 이야기도 들려준다.

제가 어렸을 때 마틴 루터 킹이 우리 마을에 찾아왔습니다. 그때 저희 어머니는 그의 연설을 듣고 큰 감명을 받으셨죠. 그의 말이 오늘 여러분에게도 영감을 주길 바랍니다. 마틴 루터 킹은 우리 중에 가장 악한 사람에게도 좋은 점이 있고, 우리 중에 가장 선한 사람에게도 악한 점이 있다고 말했습니다. 이 사실을 기억하면, 다른 사람을 더욱 사랑하고 더 용서하게 될 거라면서요. 마틴 루터 킹은 또 이렇게 말했습니다. "용서는 가끔 한 번씩 하는 행동이 아닙니다. 용서는 영구적인 태도입니다." 다시 말해, 우리는 용서를 실천하기 위해 노력해야 합니다. 건강한 몸과 맑은 정신을 유지하기 위해 노력하듯 마음을 위해서도 노력해야 합니다. 용서는 한 번으로 끝나는 결정이 아닙니다. 매일 용서하며 살아야 합니다.

스티븐의 사례가 용서하기로 결심할 때 뒤따르는 싸움을 보여준다면, 아홉 살 소녀 사이라 셔의 이야기는 결정적인 첫발을 떼지 않고는 그 싸움에서 이길 수 없다는 사실을 보여준다.

사이라는 세 살 때 엄마와 함께 뉴욕 주 트로이에서 건널목을 건너다 교통사고를 당했다. 몇 달에 걸쳐 수술과 회복, 치료가 이어졌지만, 완전히 회복되지 못했다.

현재 사이라는 휠체어에 의지해 살고 있다. 팔이나 손을 움직일 수 없어서 입에 펜을 물고 글씨를 쓴다. 그렇지만 록밴드를 결성해 보컬로 활동하고 장애 아동을 위한 집을 설립하고픈 꿈이 있는 왈가닥 소녀다. 최근 학교 신문에 사이라는 이렇게 썼다. "겉으로 보면 덫에 걸린 것 같지만, 속으로는 자유로워요. 아마도 걸을 수 있는 사람들보다 제가 더 많은 일을 할걸요. 전체적으로 보면 몸이 마비된 것이 그렇게 나쁜 것만은 아니에요."

그러나 사이라를 가장 가까이에서 돌보는 할머니 앨리스의 이야기를 들으면, 전혀 다른 시각에서 사건을 보게 된다.

사이라는 감화를 주는 아이예요. 가슴속에 웅어리진 것이 전혀 없지요. 자기에게 일어난 일을 곱씹지도 않고 자기 연민에 빠지지도 않습니다. 자기도 다른 아이들처럼 평범하다고 생각하죠. 사고로 많은 것을 잃었지만, 사실 사이라는 9년이라는 짧은 인생 동안 주변 사람들에게 그보다 천 배는 많은 것을 나누어주었습니다. 그렇다고 이미 일어난 일이 없었던 일이 되지는 않지요.

사고 후 처음 이틀을 절대 잊지 못할 겁니다. 사람들로 북적이는 소아청소년 병동 응급실에서 기다리는데, 젊은이 두 명이 저를 계속 쳐다보더군요. 그중 한 청년이 제게 다가와 사고 난 아이와 관계가 있느냐고 묻더군요. 그렇다고 하니까 할머니냐고 다시 묻더군요. 그래서 그렇다고 했죠.

누구냐고 물으니, 사고를 낸 사람이라고 하더군요. 당황스러웠습니다. 그런데 갑자기 자신을 용서해줄 수 있는지 묻더군요.

제 앞에 서 있는 젊은이의 입장에서 생각해보니, 그 역시 엄청난 충격을 받았겠더라고요. 그 사람을 용서해야 한다는 생각이 들었습니다. 그래서 용서했습니다. 그리고 청년을 안아줬어요.

그 순간 제 딸이 응급실에서 나왔습니다. 딸아이는 제가 그 청년과 이야기하는 걸 보고 소스라치게 놀라더니 불같이 화를 냈습니다.

그리고 어떻게 사고가 났는지 자초지종을 설명했습니다. 참을성 없는 운전자가 신호를 받아 멈춰 서 있던 차를 추월하려다 사이라를 들이받았다고 했습니다. 그래놓고 현장에서 도망치려고 가속 페달을 밟아서 사이라의 경추와 요추를 으스러뜨려 놓았답니다.

처음에는 믿을 수가 없어서, 대체 어떤 사람이 그럴 수 있겠냐고 물었습니다. 하지만 제 딸이 과장하는 게 아니라는 걸 곧 알 수 있었습니다. 몸서리가 쳐지더군요. 강간당한 기분이었습니다. 용서받을 자격이 조금도 없는 사람에게 용서를 강탈당한 겁니다.

딸은 분노에 차서 "그 일과 관련해서 누군가를 용서할 권리가 엄마에게는 없다"고 말했다. 앨리스도 큰 충격을 받았다. 하지만 그녀는 자신이 옳은 일을 했다고 확신한다.

그 운전자를 용서했다고 화를 내는 사람들도 있지만, 저는 제가 올바른 이유로 그를 용서했다는 걸 압니다. 물론 본능적으로 한 일이지만요. 솔직히 말해서 만약 그 순간에 그를 용서하지 않았다면, 아마 평생 용서하지 못했을지도 모릅니다. 물론 그 사람은 용서받을 자격이 없습니다. 하지만 제가 그 사람이었다면, 제가 그런 일을 저질렀다면, 저 역시 용서받고 싶었을 겁니다. 그게 처음 그를 용서했을 때 제 생각이었습니다.

물론 그 후 그 운전자에 대해 많은 것을 알게 되었습니다. 수없이 법을 어기고 후회하는 기색도 없이 다른 사람에게 신체적 해를 입히는 사람이었습니다. 가장 최근에도 37번이나 교통 법규를 위반했다더군요. 사이라를 치기 전에도 이미 19번을 위반했고요. 그가 어떤 일을 저질렀는지는 주님만이 아시겠죠.

앨리스는 그를 용서한 그 마음을 지키기 위해 매일 힘겹게 싸워야 했다. 하지만 그 싸움 덕분에 더 강한 사람이 되었다고 한다.

이용당한 것 같은 기분을 떨쳐내기까지 오랜 시간이 걸렸습니다. 긴 시간이었죠. 하지만 이겨냈습니다. 그 사람에게 용서받을 자격이 있다고는 생각하지 않아요. 하지만 이제 저는 저의 짐을 훨씬 더 쉽게 질 수 있습니다. 더 이상 분노를 지고 갈 필요가 없으니까요. 덕분에 사이라처럼 도움이 필요한 사람들에게 에너지를 쏟으며 더 나은 삶을 살 수 있게 되었습니다.

스티븐과 앨리스는 삶으로 용서의 힘을 보여줌으로써 용서하기를 원하는 사람들에게 좋은 본이 되었다. 하지만 본은 그저 본일 뿐이다. 교훈을 주는 데서 그치지 않고 이들의 이야기가 정말로 쓸모 있게 쓰이려면, 용서를 향해 나아가는 그들의 여정과 우리의 여정이 교차하는 지점을 찾아야 한다.

치유와 온전한 회복으로 나아가는 길이 누구에게나 똑같을 수는 없다. 각 사람은 자신만의 속도로 움직이고, 목적지가 같더라도 가는 길은 다양하다. 누군가는 자기 안에서 용서할 힘을 찾고, 누군가는 주변 사람들에게 도움을 받는다. 누군가는 자신의 부족함을 인정하고 신을 의지할 때에 비로소 용서할 수 있게 되고, 누군가는 끝끝내 용서하지 못한다.

내가 편지를 주고받는 수감자 중에 테리라는 서른일곱 살의 남자가 있다. 테리는 지금까지 19년을 교도소와 소년원 등에서 보냈다.

테리의 부모는 아이들을 학대했다. 이 때문에 테리와 형제들은 아동 복지 담당관에 의해 부모와 강제 격리되어 20년 넘게 위탁 가정을 전전하며 살았다.

한 위탁 가정에서는 테리를 상습적으로 구타했고, 다른 곳에서는 나이 많은 방 친구들에게 반복적으로 성폭행을 당했다. 또 다른 위탁 가정에서는 운영 책임자인 신부에게 성추행을 당했다. 수도 없이 탈출을 시도했지만 그때마다 붙잡혀서 여러 날 독방에서 지내야 했다. 먹을 것은 문에 뚫어놓은 조그만 구멍을 통해 들어왔고 입을 거라고는 속옷이 전부였다.

많은 시간을 마약과 술에 절어 산 탓에 어린 시절의 기억은 흐릿하다. 자살 시도를 수없이 했다. 그래도 테리는 자신의 인생을 지옥으로 만든 사람들을 용서하고 싶어 한다. 살면서 '어리석은 선택'을 한 자신을 용서하고, 절도나 음주운전 등의 범법 행위를 용서받길 간절히 원한다.

저의 죄를 전부 솔직히 이야기하겠습니다. 모든 사람에게 진심으로 죄송합니다. 저도 모르게 상처를 드린 사람들에게도 죄송합니다. 저에게도 선한 마음이 있습니다. 믿어주세요. 누가 무얼 달라고 하면, 제가 가진 건 뭐든 다 줄 겁니다. 다른 사람들은 사랑하지만, 저 자신은 밉습니다. 이해하시겠어요? 다른 사람이 상처받는 걸 보면 마음이 아픕니다. 그런데 저는 제가 사랑하는 모든 사람에게 상처를 줬어요. 저의 모든 감정이 잘못된 곳을 향하고 있는 건가요, 아니면 제가 정말 이상한 사람인 건가요?

솔직히 저의 문제는 대부분 가슴에 맺힌 원한과 관련이 있습니다. 그런데 응어리진 마음을 어떻게 풀어야 할지 모르겠어요. 울화가 치밀어 오르고 증오와 쓰라림이 가득해서 진정으로 사랑할 수가 없습니다. 머릿속을 파고드는 악마를 막고, 매일 매순간 느끼는 설명할 수 없는 고통을 없앨 수 있는 길은 어디에도 없는 것만 같습니다.

다른 사람과 함께 있을 때는 속일 수 있습니다. 우스갯소리로 웃어넘기면 되니까요. 하지만 혼자 있으면 진짜 제 모습이 나옵니다. 외로움, 자포자기, 복수심, 자살 욕구 등 온갖 감정이 북받쳐 오릅니다. 심리 상담도 받아봤습니다. 재활 기관과 사회 복귀 훈련 시설에도 가보았습니다. 약이란 약은 다 먹어봤고요. 하지만 아무것도 효과가 없었습니다. 아무것도.

제 인생에 개입해달라고 예수님에게 여러 번 애원했습니다. 들어주시긴 하셨습니다. 그렇지 않았다면 이렇게 편지를 쓰지도 못했을 거예요. 그런데 제 머릿속을 가득 채운 쓰레기는 어떻게 치워야 하는 건가요? 제 힘으로는 의식적으로 증오를 멈추는 결정을 내리지 못할 것만 같아요.

어린 시절은 이미 지나갔습니다. 압니다. 하지만 어렸을 적에 부모님이 저희 형제들에게 한 일을 생각하면 지금도 화가 치밀어요. 가끔은 자려고 침대에 누워서 부모님을 다시 만나면 어떻게 얼굴에 주먹을 날릴까 궁리합니다. 성경에 '네 부모를 공경하라'고 쓰여 있는 것은 저도 압니다. 하지만 도저히 안 됩니다. 시도는 하죠. 아주 열심히. 하지만 화가 치미는 걸 참을 수가 없어요. 어린 시절 때문에 다 엉망이 됐어요. 지난번에 큰형을 만났습니다. 에이즈로 죽어가고 있었습니다. 또 한 형은 40년째 정신 병원에서 지내고 있고요. 다른 형제는 뉴욕 북부에 살고 있는데, 아버지한테 당한 그대로 자기 아이들을 때리며 살고 있어요. 오죽하면 제가 아동 보호 기관에 몇 번이나 전화를 했겠습니까?

용서를 위해 기도합니다. 다른 사람을 위해서도 기도합니다. 하나님이 제게 원하시는 사람이 될 수 있게 저를 도와달라고 기도해요. 매일 제게 닥치는 일들을 전부 받아들일 수 있게 해달라고 기도해요. 저를 있는 그대로 받아들일 수 있게 해달라고 기도해요.

제가 느끼는 이 증오심을 없애는 방법을 배워야 합니다. 증오심이 저를 죽이고 있거든요. 가장 두려운 건 이 감옥 안에서 죽는 겁니다. 제 영혼이 여기에서 꼼짝도 못할까 봐 겁이 납니다.

어두운 생각이 머릿속을 떠나지 않지만, 솔직히 부모님을 비롯해서 제가 미워하는 사람들을 용서하고 싶습니다. 그러니 어두운 생각을 없애달라고 매일 기도해야 해요. 저에게도 용서가 필요하다는 것 잘 알아요. 정말이지 선한 사람이 되고 싶습니다. 저의 행실을 바꾸고 싶어요.

성경에서 예수님이 사람들의 마음을 어루만지고 그들의 삶을 바꾸시는 이야기를 읽었습니다. 예수님 곁에 가서 그분의 옷자락을 만지기만 했는데 병이 나았죠. 수백만 명의 사람 중에 저는 티끌만도 못하다는 걸 압니다. 하지만 저도 그런 치유를 경험하고 싶습니다. 제가 너무 많은 걸 바라는 건가요?

어쩌면 테리는 그가 용서해야 할 부모님을 끝내 만나지 못할 지도 모른다. 부모님으로 인해 그가 감내해야 했던 고통을 끝내 받아들이지 못할 수도 있다. 설령 부모님을 만난다고 해도 마음을 가라앉히고 그들에게 자신의 마음을 표현하지 못할지도 모른다. 테리와 같이 오해를 받거나 무시를 당할지 모른다는 두려움이 아주 큰 경우에는 너무 고통스러워서 마음속에 있는 감정을 표출하지 못할 수도 있다.

그러나 결국 중요한 것은 말이 아니다. 테리에게나 우리 각 사람에게나, 정말 중요한 것은 마음 깊은 곳의 태도다. 수많은 모순된 감정이 우리를 뒤흔들지만, 삶의 저울을 우리가 원하는 방향으로 기울게 하는 것은 마음의 태도뿐이다.

버드 웰치는 스물세 살 된 딸 줄리를 잃고 삶에 대한 자부심마저 잃었다. 그리고 지금까지도 딸을 살해한 사람을 용서했노라고 말하지 못한다. 그래도 분함과 절망감이 이기게 놔두는 대신, 딸에 대한 자부심을 다른 이들과 나눔으로써 줄리를 생생하게 기억하려고 애쓴다.

젖소 목장을 운영하는 부모님 밑에서 팔남매 중 셋째로 자랐습니다. 34년 동안 오클라호마 시에서 주유소를 운영했습니다. 1995년 4월 19일, 제 딸 줄리를 비롯해 168명이 앨프리드 P. 뮤러 연방정부청사에서 폭탄 테러로 희생되기 전까지 제 삶은 아주 단순했습니다. 저에게는 딸이 있었고 저는 딸아이를 아주 많이 사랑했습니다.

줄리는 처음부터 힘들게 인생을 시작했습니다. 미숙아로 태어났거든요. 하지만 살아남았고 건강하고 강한 아이로 자랐습니다. 당시 줄리는 마케트 대학에서 스페인어를 전공하고 졸업하자마자 사회보장국에서 통역사로 일을 시작한 참이었습니다. 에릭이라는 공군 소위와 연애를 하던 중이었고요. 2주 후에 약혼을 발표하기로 했다는 이야기를 줄리가 죽은 다음 날 들었습니다.

저는 평생 사형 제도에 반대했습니다. 친구들은 저희 가족 중에 누가 죽임을 당하면 제 마음이 바뀔 거라고 말했죠. "줄리가 성폭행이나 살해를 당해도 사형제에 반대할 거야?" 하지만 제 생각은 변함이 없었어요. 4월 19일 전까지는요.

폭탄 테러가 있고 처음 4-5주 동안은 분노와 고통, 증오와 복수심이 어찌나 활활 타오르는지, 폭력 범죄를 저지른 범인에게 방탄조끼를 입히고 호송하는 이유를 알겠더군요. 저 같은 사람이 범인을 죽이려고 할 테니 그런 거죠.

1995년 말, 저는 상태가 좋지 않았습니다. 술에 찌들어 살았고 매일 담배를 세 갑씩 피웠습니다. 정서적으로 4월 19일에 갇혀서 꼼짝하지 못했습니다. 극복할 수가 없었어요. 하지만 뭐든 해야 한다는 생각이 들었습니다. 그래서 폭탄 테러 현장을 찾아갔습니다.

1월의 쌀쌀한 오후였습니다. 연방정부청사가 있던 자리에 서서 사슬을 둘러놓은 울타리 옆으로 지나가는 사람들을 바라보았습니다. 그리고 사형에 대해 생각했습니다. 티머시 맥베이와 폭탄 테러에 관여한 모든 사람이 사형당하는 모습을 보면 여한이 없겠다 싶었습니다. 하지만 그들이 사형당하면, 정말 내 기분이 나아질까 하는 의문이 동시에 들었습니다. 같은 질문을 자신에게 던질 때마다 돌아오는 답은 같았습니다. "아니. 그런다고 좋아질 건 하나도 없어. 줄리가 살아 돌아오는 것도 아니고." 결국 그들이 죽었으면 하고 바란 건 마음속에서 끓어오르는 증오심과 복수심 때문인데, 줄리를 비롯한 168명이 죽임을 당한 것도 바로 그런 증오심과 복수심 때문이지 않습니까.

이런 생각에 이르자 버드는 원래 자신의 신념대로 범죄자를 사형시키는 것은 옳지 않다는 생각으로 돌아갔다. 지금은 사형제에 반대하는 인기 강사로 교회와 지역 토론회, 대학교와 시민운동가 모임에 초청을 받아 사형제의 무익함에 대해 이야기하고 있다. 버드는 미국 전역을 돌며 여러 사람을 만났다. 그리고 티머시의 아버지를 만났던 순간을 잊지 못한다.

빌 맥베이는 저와 같은 피해자, 아니 어쩌면 저보다 더 큰 피해자인지도 모릅니다. 그와 그의 가족이 겪은 고통을 저는 상상도 할 수 없습니다. 저는 딸을 잃었고, 만약 티머시가 사형을 당하면 그는 아들을 잃는 겁니다. 저에게도 아들이 하나 있습니다. 만약 그 아이가 168명을 죽이는 범죄를 저지른다면, 저는 그 엄청난 일을 어떻게 감당해야 할지 모를 겁니다. 빌은 그런 참담한 심정으로 평생을 살아야 하는 겁니다.

폭탄 테러가 있고 몇 주 뒤에 텔레비전에서 빌 맥베이를 보았습니다. 정원에서 일하던 빌은 카메라를 몇 초간 바라보더군요. 그때 저는 극심한 고통으로 힘들어하는 아버지의 모습을 보았습니다. 저 역시 그러한 고통 속에서 살고 있었기에 알 수 있었습니다. 그 순간 언젠가는 저 사람을 만나서 당신이 느끼는 아픔을 이해한다고 말해줘야겠다고 생각했습니다.

나중에 정말 그를 만났습니다. 제가 찾아갔을 때도 빌은 정원에 있었습니다. 우리는 인사를 나누고 30분 정도 정원의 흙을 발로 차고 잡초를 뽑으며 이야기를 나누었습니다. 그리고 집으로 들어갔죠. 집 안에서 스물네 살 된 빌의 딸 제니퍼를 만났습니다. 부엌 식탁 뒤편 벽에는 가족사진이 여럿 걸려 있었습니다. 그중에는 티머시의 사진도 있었습니다. 그 사진을 힐끗 쳐다보는 저를 빌과 제니퍼가 물끄러미 바라보았습니다. "정말 잘생긴 아이네요." 제 말에 빌은 "고등학교 졸업할 때 사진입니다"라고 말하며 눈물을 흘렸습니다. 정원에서 이야기를 나눌 때 감정을 드러내는 데 어려움을 겪고 있다는 이야기를 들은 터였습니다.

그 뒤로 한 시간 반 정도를 이야기를 나누다 빌과 악수를 하고 떠날 채비를 했습니다. 빌의 딸에게도 손을 내밀었지만, 제니퍼는 악수 대신 포옹으로 답했습니다. 누가 먼저였는지 모르지만, 우리는 서로 끌어안고 엉엉 울었습니다. 그리고 제가 이렇게 말했어요. "얘야, 우리는 일생 이 안에서 함께하는 거란다. 우리가 그러기로 마음먹으면, 충분히 극복할 수 있어. 난 네 오빠가 죽는 걸 원치 않는다. 그걸 막기 위해 온 힘을 다할 거야." 그때처럼 하나님이 가깝게 느껴진 적이 없었습니다. 천 파운드짜리 짐을 어깨에서 내려놓은 기분이었습니다.

여전히 버드는 딸을 죽인 범인을 만나고 싶어 하지 않는다. 가끔은 정말 그를 용서했는지 확신이 서지 않는다.

정말로 제가 티머시를 용서했다고는 생각하지 않습니다. 오클라호마 주립대학에서 강연하는 날이었습니다. 털사의 주교도 그 자리에 있었습니다. 학생들에게 제가 겪는 어려움을 이야기하면서 아직은 티머시를 용서하지 못한 것 같다고 말했습니다. 그러자 주교가 이렇게 말하더군요. "제 생각에는 이미 용서하신 것 같습니다." 그러고는 성경의 한 구절을 인용했습니다. 제가 티머시를 용서했다는 확신을 주려고 한 것 같습니다. 어쩌면 정말 그를 용서했는지도 모르죠.

지금도 가끔 분노가 치밀 때가 있습니다. 강연을 위해 방문한 캘리포니아의 한 고등학교에서 교정을 둘러보며 걷는데, 문득 줄리가 다니던 고등학교가 생각났습니다. 순간 분노가 치밀었습니다. 학생들에게 사형 제도에 반대하는 이유를 설명하러 가면서 속으로는 이런 생각을 하고 있었던 겁니다. "그놈은 살아 있을 자격도 없어."

물론 저는 티머시가 사형당하길 바라지 않습니다. 그가 죽고 나면 용서를 선택할 기회마저 없어지잖아요.[9] 티머시가 살아 있는 동안은 이 감정과 싸워야 하겠죠. 진심으로 용서하고 싶은 순간에도 망설여지는 때가 있습니다. '끝'이라는 말을 감당하지 못한다고나 할까요. 끝이라는 말이 지긋지긋합니다. 그 말을 처음 들은 건 줄리의 장례식을 치른 다음 날이었습니다. 여전히 지옥을 헤매고 있을 때였죠. 어떤 면에서는 아직도 지옥에 있는 것 같습니다. 그런데 어떻게 진정한 끝이 있을 수 있습니까? 제 심장 일부를 잃었는데 말입니다.

나는 버드를 처음 만난 순간부터 깊은 감화를 받았다. 지금도 그를 볼 때마다 자신에게 닥친 비극을 어떻게든 극복하려는 결심이 강해지는 것을 느낀다. 처음에는 비통한 마음으로 살해범의 가족을 만나러 갔지만, 지금은 삶을 긍정하던 딸을 생각하며 앞으로 나아갈 힘을 얻는다. 자신이 찾던 치유를 아직 온전히 경험하지는 못했지만, 용서를 향해 나아가는 모든 여정이 그러하듯 버드의 여정은 희망의 여정이다.

싸움입니다. 제가 계속해야 할 싸움이지요. 어느 날 아침에 깨어 갑자기 용서하기로 결심하는 경우는 없으니까요. 분노와 증오가 사라질 때까지 계속 싸워야 합니다. 어제보다 조금 더 나은 삶을 살기 위해 매일 노력하는 겁니다.

파문 일으키기

인생과 역사가 제 무지와 악독에도 불구하고 멸망을 면하는 것은 인간의 지혜와 사회 투쟁에 의해서 되는 것이 아니라 이 우주의 근본 되는 뜻의 불쌍히 여기심으로 하는 용서에 의해 되는 것입니다. 역사가 건져져서 조금 새로운 사회가 되는 것은, 결코 폭력으로 죄악을 때린 그 힘 때문에 되는 것이 아니라, 서로 그렇게 싸우는 동안에 사회 전체에 일어나는 화해의 정신에 의해서 되는 것입니다.

함석헌

몇 년간 나는 '르완다'라는 이름만 들어도 움찔했다. 대학살이라는 단어가 생각났고, 그와 함께 최근 역사에서 가장 끔찍했던 대량 학살로 마을 전체가 폐허가 되었던 1994년의 소름끼치는 영상이 떠올랐다. 하지만 이제는 '르완다'라는 이름을 들으면, 전혀 다른 단어가 떠오른다. 바로 용서다. 인류 역사에서 가장 어두웠던 암흑의 순간마저도 구원하는 용서의 능력이 떠오른다. 나의 반응이 이렇게 달라진 것은 2008년에 장 폴 삼푸투를 만나면서부터다.

장 폴은 폴 사이먼에 비견되는 세계 최고의 뮤지션이다. 빡빡한 일정으로 아프리카 시골 지역에서부터 뉴욕 시 링컨 홀까지 수많은 공연장을 누비는 스타다. 코라 음악상을 비롯해 유수의 음악상을 휩쓸기도 했다. 그러나 내가 그에게 관심을 갖게 된 것은 이런 이유 때문이 아니었다. 분노와 증오에서 벗어나 용서와 기쁨을 향해 나아가는 그의 여정 때문이었다.

생각해보세요. 90일 사이에 100만 명이 죽었습니다. 친구가 친구를 죽이고, 형제가 형제를, 자매가 자매를, 자식이 부모를 죽였습니다. 부모가 자기 자식을 죽이고, 남편이 아내를 죽였습니다.

저는 부룬디와 우간다를 돌며 공연 중이었습니다. 르완다에서 저는 유명인이었고, 그래서 아버지는 제게 피신하라고 충고하셨죠. 하지만 저는 대학살이 막바지에 이른 1994년 7월에 고향으로 향했습니다.

부모님이 돌아가셨다는 것은 이미 알고 있었죠. 두 분은 르완다의 수도인 키갈리 남쪽에 위치한 고향 마을 부타레에서 그해 5월에 죽임을 당하셨습니다. 형제 세 명과 서른세 살의 누이도 살해당했습니다. 정말 끔찍했죠.

이웃에 사는 후투족이 투치족인 저희 가족을 죽인 겁니다. 누이는 후투족과 결혼해서 안전할 것으로 믿었습니다. 하지만 그렇지 못했습니다. 그들은 사흘에 거쳐 누나를 서서히 죽였습니다. 말로는 다 표현할 수 없는 일이 너무 많이 벌어졌습니다.

르완다에 도착한 저는 부타레로 향했고 아버지의 집을 찾았습니다. 집은 텅 비어 있었습니다. 이웃을 찾아보았지만, 아무도 없었습니다. 곳곳에 시신이 널려 있었습니다. 악취가 진동하더군요. 마침내 생존자 몇 명을 발견했고, 그들에게서 누가 저희 부모님을 죽였는지 들었습니다. 범인은 어린 시절 저와 가장 친했던 빈센트였습니다. 함께 자라며 축구도 같이 했던 친구였습니다. 기가 막혔습니다. 충격으로 그대로 주저앉았습니다.

투치족 중에 1994년에 가족을 잃지 않은 사람은 거의 없습니다. 아무리 그래도 제 가장 친한 친구가 제 부모님을 살해했다니, 제정신으로 버틸 수가 없었습니다. 술을 퍼마시고 마약에 손을 댔습니다. 독한 술을 매일 병째 들이켰습니다. 술에 잔뜩 취해 왜 나는 죽지 않은 건지 궁금해했습니다. 지금은 그 이유를 압니다.

그 후 9년 동안 정신이 나간 채 살았습니다. 분노와 고통, 쓰라림으로 황폐해졌습니다. 내면에서 일어나는 전쟁으로 저는 갈기갈기 찢겼습니다. 늘 술에 취해 있었기 때문에 더 이상 노래를 부를 수도 없었습니다. 계약을 이행할 수가 없었습니다. 무대에 설 수 있는 상태가 아니었으니까요.

우간다로 거처를 옮겼습니다. 친구들은 저를 도우려고 애썼죠. 저를 고치겠다고 주술사를 줄줄이 데리고 왔지만 소용없었습니다. 저는 저 자신과 신에게 화가 났습니다. 묻고 또 물었습니다. "그날 당신은 대체 어디에 계셨습니까? 어떻게 그런 일이 일어나게 허용하실 수 있습니까?"

그 무렵 아내가 딸 클라디아를 낳았습니다. 아이에게는 심각한 장애가 있었습니다. 다시 분노가 치밀었습니다. 신을 원망했습니다. 아이가 태어나고 부부 사이는 더 망가졌습니다. 아내는 저를, 저는 아내를 비난했습니다.

1998년에 장 폴 가족은 캐나다로 이주했다. 몬트리올에 있는 르완다 이민자 밀집 지역에 자리를 잡았다. 그곳에서 또 아이가 태어났다. 두 사람은 결국 2000년에 헤어졌고 장 폴은 혼자 아프리카로 돌아왔다.

우간다로 가서 대형 콘서트를 열었습니다. 그곳에서 저는 스타였으니까요. 다시 돈을 벌기 시작했죠. 하지만 술과 마약을 끊지 못해 감옥을 들락거렸습니다. 들어갔다 나오고, 다시 들어갔다 나왔습니다. 우간다에 있는 감옥은 모조리 들어가 보았습니다.

결국 형이 내준 보석금 덕분에 나올 수 있었습니다. 감옥에서 나온 뒤에는 형이 사는 케냐로 가서 함께 살았습니다. 그곳에서 지내는데, 어느 날 누가 저를 찾아왔습니다. 형수 가족이 잘 알고 지내는 사람으로 모세라는 전도자였습니다. 저를 찾아가 저를 위해 기도해주라는 하나님의 음성을 들었다더군요.

망설이다가 그의 말에 귀를 기울였습니다. 그리고 저를 위해 기도하게 됐습니다. 솔직히 그때는 뭐라도 할 준비가 되어 있었습니다. 다른 선택지도 없었고, 아무것도 효과가 없었으니까요.

모세의 기도는 힘이 있었습니다. 마귀더러 저에게서 나오라고 명령했습니다. 그렇게 해서 제가 알코올과 약물 중독을 극복할 수 있게 도왔습니다. 그는 이렇게 기도했습니다. "예수의 이름으로 명하노니, 그에게서 나와라." 그가 예수의 이름을 거론할 때마다 기분이 이상했습니다. 바닥에 쓰러지기 일쑤였고 토하기까지 했습니다. 말로 설명하기 어려운 경험이었습니다. 그 사람의 기도가 믿기 어려울 정도로 힘이 있었다는 말밖에는 제가 할 수 있는 말이 없습니다.

처음에는 모세에게 이렇게 말했습니다. "당신은 주술사 중에 최고요."(제가 아는 게 그것뿐이었으니까요.) 그러자 모세가 웃으며 말하더군요. "저는 주술사가 아닙니다. 제게 고마워할 필요도 없습니다. 저는 기도밖에 한 게 없으니까요. 제가 아니라 예수님이 치료하신 겁니다." 곧 저는 예수를 찾기 시작했습니다. 예수가 대체 어떤 분인지 알고 싶었으니까요. 석 달 뒤에는 술을 끊었고, 이어서 마약도 끊었습니다.

그리스도인이 된 저는 2003년에 다시 우간다로 돌아갔습니다. 예전에 제가 감옥에 갔을 때 기사를 보도했던 신문들이 제가 그리스도인이 되었다는 소식 역시 보도했습니다. 큰 기삿거리였을 테지요. 기사 제목은 "삼푸투, 삶을 돌이키다", "삼푸투, 기도의 힘을 믿다" 등이었습니다. 저는 기도의 산 제구쿠로 향했습니다. 전 세계 사람들이 신을 만나러 오는 곳입니다. 예수를 찾으며 그곳에서 혼자 3개월을 지냈습니다.

기도하면서 하나님에게 온갖 질문을 쏟아냈습니다. 그때마다 답은 한결같았습니다. 꿈속에서 생생하게 들은 목소리도 같은 이야기를 했습니다. 다음 날도, 그다음 날도 메시지는 바뀌지 않았습니다. "용서하라."

산에 있는 교회에 갔더니 거기서도 같은 메시지를 전하더군요. 더 이상 듣고 싶지 않았지만, 그렇다고 도망칠 수도 없었습니다. 잠을 잘 때도 계속해서 같은 음성이 들렸으니까요. "용서할 때 비로소 치유될 수 있단다." 꼬박 일 년을 버텼습니다.

저는 그리스도인이 되었고 술도 끊었고 마약도 끊었습니다. 하지만 온전히 치유되지는 못했습니다. 겉보기에는 괜찮아 보여도 내면 깊은 곳에는 응어리가 남아 있었습니다. 문제는 바로 그거였습니다. 그리스도인이 되거나 성경을 통달한다고 끝나는 게 아니었습니다. 그저 시작일 뿐이었죠. 정말 중요한 것은 아는 바를 따라 사는 것, 진리를 삶으로 살아내는 것이었습니다.

그것이 저에게 의미하는 바는 하나였습니다. 회개하고 제가 진 빚을 갚아야 했습니다. 저로 인해 상처받은 사람들에게 용서를 구해야 했습니다. 빈센트를 용서하고 아내를 용서해야 했습니다.

힘든 싸움이었습니다. 싫다고 버텨도 보았습니다. "싫습니다, 싫어요." 그렇게 몇 달이 흘렀습니다. 그러다 더는 버틸 수 없는 날이 왔습니다. 항복할 수밖에 없었습니다. 자신에게 이렇게 말했습니다. "그래, 이제 빈센트를 용서할 준비가 되었어." 그 한마디로 저는 자유를 얻었습니다. 온전한 치유를 경험하고 과거의 족쇄에서 벗어났습니다. 저에게 용서하라고 말하던 그 음성에 "네"라고 대답한 순간, 이런 일이 일어난 겁니다. 바로 아내에게 전화를 했습니다. 그다음에는 빈센트를 찾아나섰습니다. 교도소에 있어서 만나지는 못했지만, 대신 그의 아내를 만나 제가 그를 용서했다는 말을 전해달라고 했습니다.

장 폴에게 어떻게 빈센트를 용서하게 되었는지 알려달라고 하자, 그는 자기도 살인자가 될까 봐 두려웠기 때문이라고 했다.

그 전에 빈센트를 찾지 않은 게 다행이에요. 누군가를 해친 적은 한 번도 없지만, 머릿속으로는 수백 번 생각했습니다. 그를 죽이려고 했습니다. 제 손으로 할 수 없으면, 다른 사람을 시켜서라도 죽일 생각이었습니다. 증오심이 저를 그렇게 이끌었습니다. 사람을 어떻게 죽이는 건지도 모르면서 스스로 살인자가 되는 거죠.

빈센트는 자기를 용서했다는 제 말을 믿지 못했습니다. 자기 아내에게 이렇게 말했다더군요. "어떻게 그럴 수 있겠어? 내가 자기 부모를 죽였는데?" 그는 제 말이 속임수이자 정치적 술수라고 생각했습니다. 그러자 그의 아내가 그에게 이렇게 이야기했답니다. "내가 삼푸투를 만나 이야기를 나눴어. 용서를 받아들이지 못하겠다면, 그건 당신 문제야. 그래도 한 가지만 이야기할게. 그가 당신을 용서한 게 아니야. 당신을 용서한 건 하나님이야. 하나님의 은혜라고."

결국 빈센트는 제 말을 믿었습니다. 그러자 놀라운 일이 벌어졌습니다. 그전까지 빈센트의 아내는 빈센트를 집에 들어오지 못하게 했습니다. 뉘우칠 줄 모르는 살인자와는 함께 살지 못하겠다는 거였습니다. 그런데 빈센트가 그를 용서하려는 저의 마음을 받아들이면서 모든 게 달라졌습니다. 빈센트는 자신이 저지른 죄를 뉘우쳤고 자기 자신을 용서했습니다. 그러자 아내도 남편을 용서했습니다. "하나님이 삼푸투를 통해 당신을 용서했다면, 나도 당신을 용서할 수 있어." 그러자 자녀들도 아버지를 용서했습니다. 마침내 빈센트는 집에 돌아와 가족과 함께 살게 되었습니다. 다시 가족이 하나 된 겁니다. 이제는 저도 그 집에 가서 식사를 함께합니다. 이게 바로 용서의 힘입니다.

장 폴이 변화되자 그의 가족도 다시 하나가 되었다. 2005년에

장 폴은 캐나다에 있는 아내와 아이들에게 돌아가 함께 살았다.

그 후 저의 인생에는 많은 기적이 일어났습니다. 하나님은 장애가 있는 제 딸을 돌보는 사람을 통해 그 아이가 장애인이 아니라 천사라는 걸 보여주셨습니다. "하나님이 클라디아를 창조하셨어요. 그분이 보시기에 클라디아에게는 잘못된 것이 아무것도 없습니다. 이런 아이를 얻었다고 실망하셨죠? 아이를 쳐다보려고도 안 하시잖아요. 클라디아를 자랑스러워하셔야 해요."

다음에 클라디아가 있는 재활 시설을 찾아갔을 때 저는 울음을 터뜨리고 말았습니다. 아들이 "아빠, 왜 울어요?"라고 묻더군요. 우리는 클라디아와 함께 기도했습니다. 그때에야 비로소 저는 이렇게 말할 수 있었습니다. "하나님께서 이 아이를 저에게 주셨습니다."

클라디아를 돌보는 사람 덕분에 그런 딸을 얻은 것이 축복이라는 생각을 처음 했습니다. 이제 우리 부부는 "아이가 저런 건 당신 탓이야"라고 서로를 비난하지 않습니다. 이제는 클라디아가 얼마나 귀한 보물인지 잘 압니다. 마약과 술에 빠져 죽으려고 했을 때 왜 제가 죽지 않았는지 이제야 알 것 같습니다. 저로 하여금 아버지가 되게 하려고 하나님이 저를 구원하신 겁니다.

장 폴과 이 책에 소개된 사람들의 이야기가 보여주듯이, 용서는 지극히 개인적인 문제다. 궁극적으로 우리는 각자 자신의 방식과 자신의 속도로 치유를 경험해야 한다. 그러나 용서는 단순히 개인적인 차원에만 머물지 않는다. 용서의 힘은 한 사람 한 사람에게 미치지만, 그 '파급 효과'는 훨씬 더 폭넓게 전달된다. 사실 용서는 사회를 움직이는 강력한 힘이 될 수 있다. 모든 사회 집단을 변화시키는 힘 말이다.

마틴 루터 킹이 흑인 민권 운동에 앞장서고 간디가 인도의 독립을 위해 투쟁한 것이 바로 그런 예다. 남아프리카공화국의 진실화해위원회가 1990년대 중반에 청문회를 열고, 인종 분리 정책을 앞세워 만행을 저지른 가해자들과 수많은 피해자들이 함께 과거를 돌아봄으로써 상처를 회복하고 조금 더 안정된 사회를 건설하고자 도모했던 것도 좋은 예다.

아내와 나는 1999년과 2000년에 '평화를 위한 여정'으로 북아일랜드를 방문했다. 그리고 그곳에서 오랜 세월 충돌해온 가톨릭과 개신교 사이에 대화와 화해를 촉진하기 위해 열정을 쏟는 수많은 어른들과 아이들을 만났다.

그로부터 거의 10년이 지난 뒤 르완다에서도 동일한 노력이 이루어졌다. 바로 키갈리 남쪽에 있는 나이야마타라는 마을에서

다. 1994년 봄, 대학살이 벌어졌을 때 이 마을에 살던 투치족 십대 소녀 무카마나와 후투족 농부 아지리는 적이었다.

4월의 어느 날, 우물에서 물을 길어 집에 돌아온 무카마나는 온 가족이 칼에 찔려 무참히 살해된 것을 보게 되었다. 무카마나는 들판에 몸을 숨겼다가 부룬디로 도망쳤다.

농부 아지리는 무카마나의 가족을 학살하는 일에 직접 가담하지는 않았다. 하지만 나중에 그 지역에 사는 다른 사람들을 죽였다고 시인했다.

그런 두 사람이 지금은 다시 이웃이 되어 일요일마다 같은 교회에 다닌다. 유엔 인권 뉴스 서비스 IRIN 기자에게 아지리는 이렇게 말했다. "이제는 서로 도우며 삽니다. 이웃의 가족이 아프면 서로 찾아가지요. 아이들끼리는 서로 친구가 되었고요."

나이야마타 마을에는 무카마나와 아지리 외에도 대학살 당시 피해자였던 사람들과 가해자였던 사람들이 함께 산다. 40여 가정이 함께 사는 이 정착촌은 1994년에 스티븐 가히기라는 성공회 신부가 처음 시작했다. 그 역시 대학살로 부모와 형제를 잃었다. 주민들은 그곳을 이미두구도라고 부른다. '화해의 마을'이라는 뜻이다.

가히기는 자신이 용서하는 능력을 상실했다고 생각했다. "그런데 어느 날 밤 기도하던 중 십자가에 달리신 예수 그리스도를 보았습니다. 그분이 어떻게 용서했는지를 상기하자 우리 모두 그렇게 할 수 있다는 생각이 들었습니다." 기도하다 본 그리스도의 모습에 감화를 받은 가히기는 용서에 대해 설교하기 시작했다. 나이야마타 마을뿐 아니라 감옥에서 재판을 기다리는 후투족 가해자들에게도 용서에 대해 설교했다.

마을 사람들은 용서하는 법을 배우는 것이 절대 쉽지 않았다고 말한다. 무카마나는 이렇게 말했다. "정말로 오랫동안 제가 용서할 수 있을 거라는 생각을 하지 못했습니다." 절대 쉽지 않은 일이다. 그러나 과거의 잘못을 솔직하게 인정하면, 오래된 상처가 치유되는 놀라운 일이 일어난다. 이미두구도에서도 그렇게 해서 용서가 이루어질 수 있었다. 부모들은 1994년 대학살 때 자신이 한 일을 자녀들에게 털어놓았다. 자비에르 나마이도 그중 하나다. "대학살은 가해자와 피해자 모두에게 끔찍한 영향을 미쳤습니다. 이 나라를 올바르게 재건하려면, 아이들도 제가 무슨 짓을 저질렀는지 알아야 합니다."

몇 년 전 한국에 있는 한 마을 주민들 사이에도 비슷한 일이 있었다. 전라남도 영암군 구림 마을 주민들이 한국전쟁 때 희생된 마을 사람들을 기리며 화해를 도모한 것이다.

구림 마을은 호남 지역에서 유난히 산세가 험한 월출산 자락에 자리 잡고 있다. 한국전쟁 때 빨치산 유격대가 마을에 들어왔고 이 때문에 좌익과 우익 간에 심각한 무력 충돌이 벌어졌다. 4,000여 명의 주민 중 250-300명이 교전과는 아무 상관없이 목숨을 잃었다. 하지만 사회 분위기 때문에 40년 넘게 이 일을 공개적으로 거론하지 못했다. 그러다 1990년대 중반 이후 남북 관계가 호전되고 과거사를 정리하려는 분위기가 무르익으면서 이 마을 원로들이 더 늦기 전에 화해와 용서를 이루기로 뜻을 모으고 민간 차원에서 조사에 착수했다.

10여 년에 걸쳐 조사 작업을 벌인 끝에 2006년 4월에는《비둘기 숲에 깃든 공동체 호남명촌 구림》이라는 책을 펴냈다. 한국전쟁 기간에 일어난 참상과 1차로 확인된 희생자 137명의 명단이 실려 있었다.

주민들이 밝힌 기록을 보면, 좌익 유격대와 우익 군경이 영암지역에서 벌인 공격과 보복으로 인한 희생자는 좌익도 우익도 아닌 무고한 마을 주민이었다. 1950년 9월부터 북한군이 후퇴하기 시작하고 군경이 이 지역을 완전히 장악하기까지 3개월의 시간은 마을 주민들에게 악몽과도 같았다. 낮에는 군경이 마을을 장악해서 주민들에게 보복했고, 밤에는 산에서 빨치산이 내려와 식량을 빼앗고 위협하거나 보복했다. 사람 목숨을 아주 하찮게 여기던 터라 이웃과 친구들 사이에도 마음을 터놓고 이야기할 수 없었다.

10월 7일, 흥분한 인민군 잔존 세력과 유격대 일부는 우익 인사와 기독교 교인을 포함한 28명을 주막에 가두고 불을 질렀다. 열흘 뒤에는 보복하러 찾아온 군경이 닥치는 대로 사람들을 찌르고 총으로 쏴서 비무장 양민 96명을 무참히 살해했다. 광란의 분풀이에 희생당한 사람 중에는 초등학교 6학년 아이도 있었다.

그것도 모자라 이듬해 1월에는 가족을 빨치산 유격대에 잃은 국군 중위가 원수를 갚기 위해 사병 둘을 데리고 구림 마을에 찾아와 13명을 학살했다. 친구가 친구를 배반하고 이웃이 이웃을 해쳤으나, 잘못을 바로잡거나 화해할 기회는 주어지지 않았다. 희생자와 가해자, 그들의 가족이 한 마을에서 살면서도 오랫동안 가슴속에 응어리진 것을 풀어낼 기회가 좀처럼 찾아오지 않았다. 그리하여 50년이 지나서야 마침내 곪아 있던 상처가 주민들의 힘으로 세상에 드러난 것이다.[10]

2006년 11월 18일 아침, 구림 마을 사람들은 합동 위령제를 열고 희생자를 추모하고 유족들을 위로했다. 한국전쟁 이후 처음으로 지역 공동체의 노력으로 화해와 용서의 장이 마련되었다. 이 자리에 있던 한 피해자 유가족은 이렇게 말했다. "역사 속에 묻히기 전에 피해자들을 위로하고 용서하며 화해하기 위해 '용서와 화해의 위령비'를 세우려고 합니다."

위령제를 보도한 〈프레시안〉에 따르면, 현장에 참여한 마을 주민들은 당시의 끔찍한 기억을 떠올리면서도 희생자들의 넋을 기리고 화해를 위해 노력하는 것에 감격하고 기뻐했다. 당시 무장 경찰의 총에 맞아 숨진 최한섭 씨의 손자인 최영걸 씨는 당시 할아버지의 죽음을 목격한 아버지 최대원 씨가 생전에 한 말을 전하며, 마을 사람들이 가슴속 앙금을 털어낼 수 있기를 희망했다. "나는 이미 그 사람 다 용서하고 잊어버렸다."[11]

이런 비슷한 시도가 지구촌 곳곳에서 이루어지고 있다. 이스라엘에서 인도네시아, 바그다드에서 발칸반도에 이르기까지, 크리스천 피스메이커 팀이나 미국 퀘이커 봉사 위원회 같은 비정부 기구들이 민족 분쟁의 유일한 해결책으로 화해를 촉진하려고 애쓰고 있다. 성과는 미미한 편이다. 좋은 성과를 낸다고 해도 다시 후퇴하거나 근거 없는 낙관주의나 이상주의에 부딪히곤 한다. 2009년 2월, 용서 컨퍼런스에 참석하러 르완다를 방문했을 때 나는 사랑과 신뢰를 토대로 새로운 사회를 건설하기 위해 열정을 바치는 수많은 사람을 만났다. 그러나 여전히 화해를 일장춘몽이라 말하는 사람들이 압도적으로 많았다. 개중에는 집단 학살을 야기한 케케묵은 이념을 공개적으로 지지하는 이들도 있다. 하지만 이러한 현실에 직면해서도 장 폴은 확신에 차서 말한다.

폭력의 악순환이 끊어지지 않을 것처럼 보일 때가 있습니다. 하나의 사건은 또 다른 사건을 일으키죠. 각 사람과 각 집단에 자기만의 적이 있는 것 같습니다. 그러나 사실은 그러한 '적'이 실재하지 않는 경우가 많습니다. 적이 있다고 해도 이미 죽어버린

후인 경우가 많고요. 제가 매일 대면하는 진짜 적은 따로 있습니다. 매일 끌어안고 다니는 분노와 원통함, 밤마다 끌어안고 자는 두려움과 불안이 진짜 저의 적입니다. 다른 사람이 필요하지도 않습니다. 지금 우리는 우리 자신을 죽이고 있으니까.

사람들은 여전히 갇혀 있습니다. 두려움과 증오심, 불신, 의심, 복수심에 사로잡힌 채 살아갑니다. 아직도 학교에서는 1994년의 대학살을 부른 반목과 분노, 인종차별 이론을 아무렇지 않게 가르칩니다. 몇 년간 옥살이를 하고 집에 돌아온 사람을 만났다고 생각해보십시오. 물론 당신의 사촌이나 삼촌, 혹은 어머니를 죽인 사람을 실제로 만나면, 예전처럼 대화를 나눌 수야 없겠지요. 사랑이 없으면 불가능한 일이니까요. 사랑은 우리를 해묵은 증오와 속박에서 해방시키고 진정한 치유를 경험하게 합니다.

르완다뿐 아니라 세계 곳곳에서 많은 사람이 이런 식으로 상처를 입고 있습니다. 비참하게도 사람들은 마치 출구가 없는 것처럼 행동합니다. "그냥 그렇게 됐어", "인생이 다 그렇지 뭐"라고 하면서, 용서에 대해서는 말하려 하지 않습니다. 오직 용서의 문화만이 폭력의 악순환을 끊고 희망과 사랑의 새로운 선순환을 만들어내는데도 말입니다.

하룻밤에 이루어지는 일은 아닙니다. 용서는 지극히 개인적인 선택의 문제이니까요. 자신을 들여다보는 과정이 필요하지요. 그렇게 힘든 과정을 굳이 왜 겪어야 하는지 직접 보고 들을 필요가 있습니다. 용서에 관한 이야기를 듣고 감화를 받아야 합니다. 희망을 얻으려면, 용서가 어떻게 이루어지는지 직접 보아야 합니다.

이런 비전은 내가 즐겨 부르는 1960년대 흑인 민권 운동 노래에 잘 표현되어 있다. "한 사람의 손으로는 감옥을 허물 수 없고, 두 사람의 손으로도 할 수 없지만, 두 명과 또 두 명, 그리고 오십 명이 백만 명이 되어, 그날이 오는 것을 보리라." 이러한 희망으로 코소보에서는 학살의 피해자와 가해자가 마을에 모여 함께 밭을 갈았다. 이러한 희망으로 1998년부터 1999년까지 인도네시아 말루쿠 섬에서 무슬림의 손에 집이 불타고 아내와 딸이 성폭행을 당한 기독교인들이 가해자를 용서할 수 있었다.

이러한 희망은 전 세계 사람들을 감화시켜 창조적인 실험을 하도록 돕는다. 예를 들어 2008년 여름 미국 피츠버그에서는 이스라엘의 유대인과 아랍계 무슬림, 미국 기독교인들이 한데 모여 공동의 미래를 일구는 방법을 모색하기도 했다. 재연 드라마 형식으로 가상의 적일 수 있는 참가자들이 상대방의 처지에서 생각하고, 해묵은 문제를 품고 사는 대신 함께 해결책을 모색하는 실험을 한 것이다. 참가자들은 자신이 속한 공동체로 돌아가 이 모임에서 배운 교훈을 평화의 도구로 소개했다.

이 프로젝트를 추진한 로니 오스트필드는 이렇게 말했다. "이 세상에는 두려움과 오해, 상처가 가득합니다. 이것은 실제적인 고통입니다. 그러나 우리는 이런 소통을 통해 한 사람의 마음이 열리고, 그 사람이 열 사람을 감동시키기를 바랍니다. 그리하여 감동의 물결이 계속 퍼져나가길 바랍니다."

그러지 말라는 법이 어디 있는가? 인류학자 마거릿 미드가 충고한 대로다. "우리는 소그룹의 헌신적인 사람들이 세계를 바꿀 수 있다는 사실을 의심해서는 안 된다. 사실 세상은 늘 그런 방식으로 변화되어왔다." 우리는 몇 년 전에 발생한 미국 아미시 학교 학살 사건에서 이 사실을 다시금 확인했다.

2006년 10월 2일, 찰스 로버츠라는 우유 배달원이 펜실베이니아 동부에 위치한 아미시 학교 교실에 침입했다. 남학생들과 교사를 교실에서 내보낸 그는 여학생들의 다리를 묶고 준비해온 자동소총과 총알 600발로 처형 준비를 했다.

그러자 열세 살로 그중 나이가 가장 많은 여학생이 나서서 간청했다. "저를 먼저 쏘고 어린아이들은 내보내주세요." 하지만 로버츠는 흔들리지 않았다. 그가 쏜 총에 다섯 명이 죽었고 나머지 아이들은 중상을 입었다. 경찰이 진입하자 그는 스스로 목숨을 끊었다.

범행 동기는 밝혀지지 않았다. 다만, 몇 년 전 자기 딸을 데려 간 하나님에게 몹시 화가 났다고 교실에 있는 아이들에게 말했다고 한다.

이 사건은 몇 시간 만에 전 세계에 알려졌다. 저녁 무렵, 작은 마을에 TV 기자들이 몰려들었다. 그들은 희생자들과 범인의 장례식이 치러질 때까지 거의 일주일간 마을에 머물렀다.

그러나 이 사건은 잔인했던 학살의 기억으로 막을 내리지 않고 두 번째 국면으로 접어들었다. 딸을 잃은 희생자 가족들이 범인을 용서했기 때문이다. 교실 바닥에서 핏자국이 마르기도 전에 신앙심이 깊은 마을 사람들은 총을 쏜 범인의 부모와 미망인에게 연민의 정을 보이며 안부를 묻고 그들을 위로했다. 이들의 용서는 말로만 끝나지 않았다. 아미시 사람들은 가해자의 미망인과 자녀들을 돕기 위해 기금을 마련했고 먹을 것을 모아 가져다주었다. 사건 당일 한 기자는 지역 농장을 돌며 기부금을 모으는 아미시 남자를 목격했다. 더 놀라운 사실은 범인의 장례식에 참여한 사람 중 절반 가까이가 희생자 가족이었다는 점이다. 이들은 미망인 마리와 세 자녀를 위로했다.

아미시 사람들이 아무리 평화를 사랑한다지만, 끔찍한 학살 사건을 대하는 이들의 태도는 눈으로 보고도 믿기지 않았다. 한 TV 기자는 이렇게 보도했다. "모든 종교가 용서를 가르칩니다. 하지만 정말 아미시 사람들처럼 실천하는 사람은 없습니다. 무엇이 다른 걸까요?"

아미시 사람들에게도 용서가 그리 쉽지만은 않았을 것이다. 내게는 아미시 친구가 여럿 있다. 그중에는 이 사건으로 피해를 입은 가족들과 가까운 지인도 몇 있다. 내가 아는 한 그들은 절대 성자가 아니다. 그들에게나 다른 이들에게나, 용서는 한 번 결심하면 끝나는 일이 아니다. 피해자 가족은 온갖 고뇌와 씨름해야 했고 매일 다시 마음을 추슬러야 했다. 한 아이는 몇 달간 의식이 돌아오지 않았고, 뇌를 크게 다쳐서 평생 누워 지내야 하는 아이들도 있다. 학교 보내기가 두려워 남은 자식들을 집에서 가르치는 가정도 있다. 이 사건과 관련된 사람들은 모두 그날 아침의 끔찍한 기억과 평생 싸워야 할 것이다.

하지만 아미시 사람들은 지난 수 세기 동안 그래왔듯이 대놓고 분노를 표출하거나 가슴에 원한을 품지 않기로 결단했다. 가슴에 품은 원한은 결국 그들 자신을 인질로 잡고 죽음에 이르게 할 정도로 파괴적이고 소모적이라고 그들은 믿었다. 딸들을 인질로 잡고 살해한 주범도 결국은 누군가의 분노였던 것처럼 말이다. 예수의 독실한 제자들인 아미시 사람들에게는 십자가에서 예수가 했던 기도가 답이었다. "아버지, 저들을 사하여주옵소서. 자기들이 하는 것을 알지 못함이니이다."

한국의 기업가 이대봉 회장 역시 증오의 인질이 되는 것을 거부했다. 학교 폭력으로 아들을 잃고 충격과 분노에 휩싸였지만,

아들의 죽음을 헛되게 하고 싶지 않았다. 그래서 결국 가해 학생들을 용서했고, 지금은 가정 형편이 어려운 학생들을 도우며 폭력 없는 학교를 만들기 위해 온 힘을 쏟고 있다.

1987년 11월 26일이었습니다. 뉴욕 출장 중에 아들의 사망 소식을 들었습니다. 믿을 수가 없었지요. 담당 의사에게 전화해서 "돈은 얼마든지 드릴 테니 아들을 살려달라"고 했습니다. 차가운 시신으로 누워 있던 아이의 모습은 이상하게도 평온해 보였습니다. 아들 대웅이는 예술고등학교 2학년으로 성악을 전공하고 있었고, 정기 연주회에서 독창자로 무대에 설만큼 실력이 뛰어났습니다. 그런데 선배 두 명에게 학교 뒷산으로 끌려가 맞아 죽었다니요. 처음에는 너무 분해서 학교에 분풀이를 하고 싶었습니다.

하지만 천주교 신자로서 '원수를 사랑하라'는 계명을 어길 수 없었습니다. 아들의 죽음을 헛되게 할 수 없다는 생각이 자꾸 들었습니다. 아들을 지도했던 음대 교수가 대웅이의 죽음을 기릴 장학재단을 만들자고 제안하더군요. 그 순간 확신이 생겼습니다. '하늘이 데려가신 것이니 모두 용서하자. 아들의 죽음을 헛되게 하지 말자.' 스스로 그렇게 다짐했습니다.

용서하고 나니 가해 학생들이 처벌받는 것을 막아야겠다는 생각이 들었습니다. 가해 학생 부모들이 찾아왔을 때도 화해했습니다. 석방 운동을 하겠다고도 말했습니다. 먼저 담당 검사를 찾아가 학생들을 석방해달라고 간청했습니다. 법원에 탄원서도 보냈고요. 사건을 맡은 검사는 검사 생활 25년 동안 이런 일은 처음이라고 했습니다. 혹시나 직접 복수할 생각으로 그러는 건 아닐까 의심하기도 했습니다. 하지만 결국 학생들은 석방되었습니다.

처음에 주변 사람들은 이대봉 회장을 이해하지 못했다. 충격으로 정신에 이상이 생겼다고 여기는 사람도 있었다. 하지만 이대봉 회장은 거기서 멈추지 않았다. 이듬해에는 아들 이름으로 음악 장학회를 만들어 음악 전공 학생들에게 장학금을 지급하기 시작했다. 그때부터 이대웅음악장학회는 현재까지 국내뿐 아니라 이 회장이 사업을 벌이는 연변과 베트남 학생 수백 명에게 매년 장학금을 지급하고 있다. 2010년에는 아들이 다니던 학교가 재정난을 겪자 재단을 인수해 빚을 갚고 교육 환경에 투자했다. 학교 폭력 예방 단체인 인성교육범국민실천연합 이사로도 활동하면서 폭력 없는 학교를 만들기 위해 애쓰고 있다. 장학 사업 등 자신이 하는 일을 알리고 싶은 마음도 없다. "오른손이 하는 것을 왼손이 모르게 하라"는 예수님의 가르침을 잘 알기 때문이다. 하지만 자신의 경험이 학생들에게 모범이 되기를 바란다.

아들이 다니던 학교에서 추모 예배를 드릴 때 전교생이 모여 아들을 생각하며 우는 것을 보고 이런 생각이 들었습니다. '너의 죽음은 거룩하다. 이제 이 학교에서 폭력은 없을 것이다.' 처음에 제가 학교를 맡았을 때는 이해할 수 없다며 눈길도 주지 않던 아내도 이제는 잘한 일이라고 말합니다.

사업으로 이윤이 나면 제 것이라고 생각하지 않고 한 푼이라도 아껴서 사회에 뜻깊게 쓰고 싶습니다. 한번은 장학금을 받은 베트남 학생이 "어머니가 눈이 보이지 않아서 돌보느라고 공부를 못했는데, 이제 공부를 할 수 있게 되어서 감사합니다"라고 말해서 그 자리에 있던 사람들이 모두 눈물을 흘린 적이 있습니다. 베트남에 한국 군인이 가서 많은 베트남 사람이 아무 이유도 없이 희생당하지 않았습니까? 이제 그런 악순환을 끊어야 합니다. 폭력 없는 세상을 만들기 위해 있는 힘을 다할 겁니다.[12]

사실 지금 이 시대에는 신앙을 가진 사람들 사이에서조차 용서가 인기가 없다. 장 폴 삼푸투와 아미시 사람들, 그리고 이대봉 회장처럼 용서하기로 결심한 이들을 지지하는 사람들이 더러 있지만, 대부분은 회의적인 반응을 보이거나 노골적으로 비웃는다. 2005년에 세르비아 정교회가 밀로셰비치 정권을 지지했던 과거에 대해 용서를 구하자 유럽 사람들도 비슷한 반응을 보였다.

"우리는 알바니아계 시민들과 화해와 상호 용서를 경험하길 진심으로 바랍니다." 세르비아 정교회의 이러한 발표를 정치적 수사라며 깎아내리는 사람이 많았다. 하지만 이를 대화의 기회로 받아들인 사람도 적지 않았다. 이 공개 사과가 실제로 어떤 효과를 발휘할지 알 수 없지만, 그것과 상관없이 지난 수십 년간 잔혹 행위를 자행하게 한 우리 시대의 증오심을 정직하게 들여다보려는 최초의 시도라며 높이 평가했다.

2008년에 오스트레일리아의 케빈 러드 총리가 오랜 기간 이어져온 정부의 인종 분리 정책과 억압 정책, 그리고 실제로 자행한 학대에 대해 원주민들에게 사과했을 때도 부정적인 반응이 많았다. 사과의 진의를 의심하는 사람도 적지 않았다. 하지만 총리의 발언을 환영한 사람들도 있었다. 남아프리카공화국의 마이클 랩슬리 성공회 신부도 그중 하나다.

물론 이번 사과로 잘못된 일을 완전히 바로잡고 여러 세대에 걸쳐 원주민들이 겪은 고통을 모두 씻어낼 수 있는 것은 아닙니다. 그러나 이런 모범적인 인식이 상처의 묘약이 되고 회복적 정의와 치유로 향하는 큰 걸음이자 전환점이 된다는 것을 의심하지 않습니다.

지난 세월, 저는 오스트레일리아 역사에서 벌어진 비극에 죄책감을 느끼고 부끄럽게 생각하는 사람을 많이 보았습니다. 오늘 그분들은 기쁨의 눈물을 흘릴 겁니다. 부끄러운 과거를 직시하고 새로운 여정에 첫발을 내딛는 날이 마침내 찾아왔으니까요.

랩슬리 신부의 이런 반응은 단순한 관찰자로서의 반응이 아니다. 남아프리카공화국의 인종차별 정책에 맞서 싸우다 정부의 탄압을 받았던 그는 '회복적 정의'를 주창한 사람으로 널리 알려진 행동하는 성직자다. 그는 그 일로 남아프리카공화국에서 추방당했을 뿐만 아니라, 어느 날 배달된 폭탄 소포에 두 손과 한쪽 눈을 잃기도 했다. 하지만 랩슬리 신부는 그 후로도 계속해서 고문 희생자들을 위해 일했고, 케이프타운에 기억치유센터를 열어 폭력 생존자 수백 명을 상담해왔다. 그런 일을 하면서 그는 사과의 노력은 그 자체로 아주 소중하다는 것을 깨달았다. 사과로 첫발을 떼지 않으면, 용서는 물론이고 대화도 불가능하기 때문이다.

랩슬리 신부가 케이프타운에서 하는 사역은 주변 지역뿐 아니라 훨씬 더 광범위한 지역에 유용하다. 개인뿐 아니라 수 세기 동안 반목과 전쟁을 이어온 우리의 역사가 어떠한 과정을 거쳐 화해에 이르는지를 보여주기 때문이다.

요컨대 이 사역은 피해자든 가해자든 폭력으로 상처 입은 사람들의 이야기에 귀를 기울이고 그들이 감정을 잘 다스릴 수 있도록 돕는다. 그들이 화해를 위한 긴 여정에 들어서도록 돕고 용서에 대해 가르친다. 또한 지구상의 다양한 인종과 종교, 문화를 존중하도록 가르치고, 모든 사람은 영적인 존재이며 본래적 가치를 지니고 있다는 사실을 인식하도록 돕는다. 과거에 원수였던 사람들이 각자 자신의 책임을 인정하지 않고는 앞으로 나아갈 수 없고, 모든 사람이 피해자인 동시에 가해자가 될 수 있다는 사실을 인정하도록 도와준다.

내가 그토록 증오하는 원수와 마찬가지로 나 역시 다른 사람에게 상처를 줄 수 있다는 사실을 인정하는 것은 결코 쉽지 않다. 하지만 그 사실을 인정할 때 비로소 해방감이 찾아온다. 여러 사례를 통해 확인했듯이 분투 없이는 승리도 없고, 뉘우침 없이는 속죄도 없고, 고통이 없는 치유는 불가능하기 때문이다. 겨울을 지나야 봄이 찾아오는 것과 같다. 성경에서 말하듯 한 알의 밀이 땅에 떨어져 죽지 아니하면 한 알 그대로 있고 죽으면 많은 열매를 맺는다(요 12:23).

빠르게 돌아가는 세상에 열광하면서도 불안을 떨치지 못하는 현대 사회에서 집단 학살로 산산조각 난 마을을 재건하는 길고 힘겨운 여정이 뉴스 매체에 소개되는 일은 극히 드물다. 오랫동안 '폭력의 고리 끊기' 프로그램을 추진해온 나의 경험에 따르면, 비폭력을 주제로 한 강연이 기자들의 눈길을 끄는 경우는 별로 없다. 총기 난사 사건이 터지면 순식간에 전 세계에 보도되는 것과 비교된다. 그러나 언론의 조명을 받지 못한다고 해서 그 일이 의미가 없거나 효과가 없는 것은 아니다.

도로시 데이는 세상을 바꾸기 위해 없애야 할 장애물은 다른 사람이나 단체가 아니라 우리 안에 있는 낙담과 자괴감이라고 했다. 뉴욕의 가난한 사람들을 위해 수십 년 동안 헌신한 도로시는 한 신문 칼럼에 이렇게 썼다. "우리는 세상을 바꿀 수 있습니다. 오늘 우리가 연못에 돌을 던지면, 그 돌이 호수에 파문을 일으키고, 그 파문이 퍼지고 퍼져 온 세상에 닿을 것입니다."

나는 이 세상에 증오와 복수의 이야기보다 사랑과 용서의 이야기가 훨씬 많다고 확신한다. 얼마나 더 기다리면 여러분의 이야기를 들을 수 있을까? 언제쯤 여러분은 연못에 돌을 던지고 파문을 일으키게 될까?

앞에서 나는 일곱 살 소녀를 살해한 한 남자의 이야기를 하면서, 이런 사람도 용서받을 수 있겠느냐고 물었다. 그 일이 있은 후 그는 몇 년에 걸쳐 놀라운 변화를 경험했다. 처음에는 자신의 범죄를 사회 탓으로 돌리고 전혀 가책을 받지 않았다. 하지만 나중에는 자신이 저지른 일에 책임을 지려고 했다. 용서를 구해야 마땅한 죄를 저질렀다는 사실에 번민했고, 자기 연민에 빠져 흐느끼는 대신 다른 사람을 생각하며 눈물을 흘렸다. 회개하는 심령은 서서히, 그러나 확실하게 놀라운 변화를 일으켰다. 그는 자신이 저지른 범죄의 심각성을 인정했고 책임을 온전히 받아들였다. 그러자 놀랍게도 마음에 평화가 찾아왔다. '세상이 주는 것과 같지 않은' 평안이 찾아왔다.

이런 사람도 용서받을 수 있을까? 물론이다. 모든 것을 변화시키는 용서의 힘을 진정으로 믿는다면, 설사 희생자의 가족이 끝내 용서하지 못한다고 하더라도 하나님을 통해 회복이 이뤄질 수 있다. 그 역시 이러한 은혜를 경험했음을 부인할 수 없다.

물론 그에게 희생당한 사람들의 분노와 그 가족이 겪어야 하는 고통을 간과해서는 안 된다. 진심으로 뉘우치고 후회해도 그가 저지른 죄가 없어지는 것은 아니다. 그러나 그렇다고 해서 그런 범죄자에게는 더 이상의 희망도 변화의 기회도 없다고 포기해서도 안 된다. 우리는 매일 실수를 반복하고 잘못을 저지르면서 여전히 용서받길 원하고 변화가 가능하다고 믿는다. 오래전 나사렛 예수께서 말씀하신 대로다. "너희 중에 죄 없는 자가 먼저 돌로 쳐라"(요 8:7).

용서는 힘이 있다. 과거의 속박으로부터 우리를 해방시키고 어떤 장애물이라도 극복할 수 있게 돕는다. 용서하는 사람과 용서받는 사람을 모두 치유한다. 우리가 마음을 열고 받아들이면, 용서는 세상을 바꿀 힘도 있다.

우리의 손에는 용서에 이르는 열쇠가 쥐어져 있다. 그 열쇠를 사용할지 안 할지는 우리의 몫이다.

용서 수업

용서는 어디에서 출발하는 걸까? 저자는 '말하기'라고 답한다. 학교에서 문제가 생긴 아이가 부모에게 속마음을 터놓는 순간, 다른 사람에게 상처 준 사람이 입을 열어 미안한 마음을 표현하는 순간 치유는 시작된다.

그래서 저자는 미국 중·고등학교를 방문해 학생들에게 용서에 대해 말하기 시작했다. 책에도 등장하는 전 뉴욕 시 경찰관 스티븐 맥도널드, 전직 갱 하심 개럿과 함께 학생들에게 자신이 직접 경험한 용서에 관한 이야기를 들려준다. 강연의 이름은 폭력의 고리 끊기(Breaking the Cycle, 이하 BTC)다.

이야기를 시작하자 흥미로운 일이 벌어졌다. 한때 갱단 생활을 했던 하심 개럿이 자신의 이야기를 풀어놓자 학교 폭력 서클에 속한 아이들의 눈이 휘둥그레졌다. 자신들의 눈높이에 맞춘 이야기에 호기심이 생겼고, 자신들이 실제 겪는 이야기를 듣다 보니 어느새 마음이 열렸다. 강연이 끝나자 학생들은 하심과 저자에게

다가와 손을 내밀며 고마움을 표현했다. 실제 경험을 들려주고 세상을 다른 시각에서 볼 수 있게 해주어 고맙다고 했다. 한 아이는 눈물을 글썽이며 위기에 직면한 가정사를 털어놓기도 했다.

글렌 필더가 영국에 있는 한 학교에서 자신의 이야기를 들려주었을 때는 한 학생이 이렇게 말했다. "전 자폐증이 있어요. 반 친구들에게 부담만 되는 것 같아서 죽고 싶어요. 누군가가 저를 무시하는 말을 할 때마다 마음이 너무 아파요." 그 말을 들은 글렌은 애정 어린 눈으로 이렇게 말했다. "용기를 내주어 고마워요. 오늘 학생이 용기 내어 한 말을 여기 있는 모든 사람이 마음을 열고 들었어요. 학생은 특별한 존재입니다. 그런 용기가 세상을 바꿉니다. 힘을 내세요." 그러자 강당에 모인 학생들이 모두 일어나 박수를 쳤다.

폭력 서클에 들어간 학생들뿐 아니라 가정불화 때문에 힘들어하던 학생들도 용기를 얻었다. 누군가에게 이야기할 수 있다는 사실, 그것만으로도 닫혀 있던 문이 열리는 것과 같은 큰 변화였다. 자신의 상황을 감당하지 못하고 자살을 생각했던 아이들이 삶을 다른 각도에서 바라보기 시작했고 새로운 희망을 얻었다며 BTC에 이메일을 보내왔다. 한 사람에게 생긴 작은 변화가 큰 호수에 떨어진 작은 돌멩이처럼 조용한 파문을 일으키더니 멀리 퍼져나가고 있다.

자신의 상처를 털어놓고 용서와 화해를 이야기하는 수업을 학교 교실이나 모임에서 해보면 어떨까? 그런 일을 경험한 사람을 초대해 이야기를 들을 수도 있고, 그게 가능하지 않을 때는 관련 자료를 읽고 서로의 경험을 나누는 것도 좋다. 그런 의미에서 참고할 만한 자료를 몇 가지 소개하려 한다. 먼저 BTC에서 사용하는 토론 자료다. 이 자료를 참고하여 각자 상황에 맞는 토론 주제를 정하면 된다. 덧붙여 국내외 책과 영상 자료, 유용한 홈페이지도 소개한다.

입을 열어 속마음을 털어놓는 순간부터 회복과 용서가 시작된다는 사실을 잊지 마라. 자신의 이야기를 시작하는 작은 행동이 큰 힘을 발휘한다는 사실을!

토론 주제

모임 전이나 후에 아래 내용을 주제로 함께 이야기를 나누며 마음을 열어라.

• 때로는 비극을 경험한 뒤에야 평생 간직할 인생의 교훈을 배우곤 한다. 자신이 직접 경험한 어려움을 통해 배운 점이 있다면?

• 오늘날 청소년들이 경험하는 폭력을 멈추게 하기 위해 자신이 할 수 있는 일이 한 가지 있다면?

• 도움이 절실한 순간에 등을 돌린 친구에게 치미는 분노를 어떻게 다스렸는가?

• 자신이 겪는 어려움이나 상처, 두려움이나 좌절을 친구나 부모, 교사에게 말하면 도움이 되는가? 그런 이야기를 들어줄 사람이 주변에 있는가?

• 욕을 하거나 어떤 사람의 종교, 가족, 인종, 키, 피부색 또는 장애를 비하하는 폭력에는 어떤 종류가 있는지 이야기해보자.

• 놀림, 괴롭힘, 집단 따돌림을 당해본 적이 있는가? 있다면 언제 어떻게 그런 일을 당했는가?

• 대부분의 사람들이 한 번 이상 "나는 아무짝에도 쓸모없다", "살 이유가 없다"는 식의 자기 회의를 경험한다. 그런 감정은 어떻게 극복할 수 있을까?

• 어떤 학생은 우리 사회의 문화가 세련되고 멋진 것만 허용하는 획일적인 문화라고 말한다. 정말로 우리 문화가 차이를 포용하지 못하고 있다고 생각하는가?

책

- 김지방, 《적과 함께 사는 법》, 이야기나무, 2013.

- 달라이 라마, 빅터 챈, 《용서》, 류시화 옮김, 오래된미래, 2004.

- 데스몬드 투투, 《용서 없이 미래 없다》, 홍종락 옮김, 홍성사, 2009.

- 손동희, 《나의 아버지 손양원 목사》, 아가페출판사, 2014.

- 조성애, 《마지막 사형수: 오늘도 살았으니 내일도 살고 싶습니다》, 형
  설라이프, 2009.

- 천종호, 《아니야, 우리가 미안하다: 따뜻한 신념으로 일군 작은 기적,
  천종호 판사의 소년재판 이야기》, 우리학교, 2013.

- 프레드 러스킨, 《용서: 나를 위한 용서》, 장현숙 옮김, 알에이치코리아, 2014.

영화

- 〈용서, 그 먼 길 끝에 당신이 있습니까?〉 감독 조욱희, SBS, 2008. 범죄
  피해 가족들이 겪는 고통과 용서의 여정을 기록한 다큐멘터리.

- 〈맹겔레 용서하기 *Forgiving Dr Mengele*〉, 밥 헤르쿨레스, 체리 푸 감
  독, 2006. 2차 세계대전 당시 나치 수용소에서 살아남은 유대인 에바
  코어가 당시 수용소에서 생체 실험을 주도한 의사를 비롯한 가해자들

을 용서하는 이야기. 인디애나 주립대학교가 제공하는 관련 동영상을 유튜브에서 볼 수 있다. "Auschwitz to Forgiveness" https://www.youtube.com/watch?v=-gt6UnmjcDo.

인터넷 자료

• **어린이어깨동무** www.okfriend.org

북한 어린이를 위해 어린이 병원을 비롯해 두유, 학용품 등의 공장 건립·운영을 지원하는 단체. 인도적 지원 사업뿐 아니라 남북 어린이와 아시아의 어린이들이 서로의 차이를 인정하고 상대방의 문화를 배울 수 있도록 돕는 평화 교육 프로그램을 진행한다.

• **폭력의 고리 끊기** www.breakingthecycle.com

비폭력 갈등 해결을 주제로 한 순회강연. 범죄 피해자나 피해자 가족이 미국과 영국의 중·고등학교를 돌며 학생들에게 자신의 경험을 들려준다.

• **비폭력평화훈련센터** cafe.daum.net/NPTCenter

남북평화재단, 비폭력평화물결, 광명교육연대 등이 함께 운영하는 평화활동가 양성 과정으로 비폭력 의사소통 및 조정중재에 관한 교육과 훈련을 진행한다.

• **서울대 인문학 연구원 '역사와 기억'** past.snu.ac.kr

〈역사와 기억: 과거 청산과 문화 정체성 문제에 대한 국가별 사례 연구〉를 수행한 연구팀이 수집한 자료 모음. 프랑스, 러시아, 스페인, 라틴아메리카, 남아프리카공화국의 과거 청산 자료가 수록되어 있다.

- **용서 프로젝트 theforgivenessproject.com**

  용서를 주제로 주로 영국에서 세미나와 워크숍 등을 운영한다. 용서를 경험한 세계 곳곳의 피해자와 가해자 수백 명의 이야기가 올라와 있다.

- **인성교육 범국민 실천연합 insungedu.or.kr**

  학교 폭력과 왕따를 예방하는 교육 프로그램 개발 및 관련 방송 프로그램과 캠페인 제작을 지원한다.

- **천주교 사회교정사목위원회 www.catholic-correction.co.kr**

  교정 시설 수용자와 가족, 피해 가족을 섬긴다. 형기를 마친 이들을 비롯해 피해 가족의 자활 노력을 지원한다. 살인피해자 모임 '해밀'과도 함께한다. 소식지 〈빛의 사람들〉을 비롯한 자료를 열람할 수 있고 자원봉사 신청도 할 수 있다.

- **청예단 www.jikim.net**

  학교 폭력으로 자녀를 잃은 한 아버지가 설립한 단체. 학교 폭력의 심각성을 알리고 피해 학생들을 지원한다. 학생과 부모, 교사를 위한 분쟁 조정 서비스와 예방 교육 센터, 피해 청소년과 가족을 위한 상담 치료 센터 등을 운영한다.

- **폭력에서 치유로 향하는 희망 여행 www.journeyofhope.org**

  1993년 살인 피해자 가족이 미국에 설립한 단체. 피해자 가족 또는 사형수 가족이 학교와 교회, 단체 등을 방문해 자신의 경험을 들려주고, 다른 범죄 피해자 가족이 치유와 화해를 경험할 수 있도록 돕는다.

1   조현, "아버지 죽인 원수 용서한 서광선 목사", 〈한겨레〉, 2014. 1. 21.

2   실명 대신 세례명을 썼다.

3   김형민, "김형민의 응답하라 10: 마지막 사형수", 〈한겨레〉, 2013. 12. 13.

4   다음 자료에서 관련 내용을 요약해서 인용했다. 조성애, 《마지막 사형수: 오늘도 살았으니 내일도 살고 싶습니다》, 형설라이프, 2009.

5   조성애, 같은 책, 18, 58, 108, 175쪽.

6   다음 자료에서 인용했다. 천종호, 《아니야, 우리가 미안하다: 따뜻한 신념으로 일군 작은 기적, 천종호 판사의 소년재판 이야기》, 우리학교, 2013. 윤희(가명)의 사례는 150-159쪽에서, 천종호 판사의 말은 185-186쪽에서 인용했다.

7   전종휘, "무덤 앞에 사죄한 18년 전의 진실", 〈한겨레21〉, 2009. 5. 22. 제7610호.

8   2005년 5월 13일, 마이클 러스는 코네티컷 주 소머스 감옥에서 신경 주사를 맞고 사형을 당했다. 그의 나이 마흔다섯이었다.

9   버드 웰치의 반대에도 불구하고 티머시 맥베이는 2001년 6월 11일 인디애나 주 데러호트에서 사형을 당했다.

10 《비둘기 숲에 깃든 공동체 호남명촌 구림》, 리북, 2006. 4. 7.

11 김창희, 김하영, "우리는 '용서와 화해'로 간다: [구림 이야기] 6.25 좌우학살의 자발적 정리와 '화해의 탑' 건립 운동", 〈프레시안〉, 2006. 4. 5; 김창희, 김하영, "가해자도 희생자도 역사 앞에선 모두 피해자: 구림마을, 6.25 희생자 합동위령제 … '자발적 화해' 첫 사례", 〈프레시안〉, 2006. 11. 20.

12 이대봉 회장의 이야기는 본인의 허락을 받아 다음 자료를 참고해 정리했다. 성형주, "학교폭력으로 아들 잃은 뒤, 장학금 1만 명에게…", 〈조선일보〉, 2012. 11; 정상영, "이 학교에서 숨진 아들에게 기도해요 후배들의 꿈을 응원해달라고", 〈한겨레〉, 2013. 5. 2; KBS 〈한국 한국인〉 "백두산 등산로를 개척한 굴지의 기업인! 참빛 그룹 회장, 이대봉" 편, 2013. 12. 30; 〈YTN사이언스 초대석〉 "이대봉 회장 편", 2012. 11. 25, 30.